儒學的常與變

蔡仁厚 著

滄海叢刊

儒學的常與變／蔡仁厚著．--初版．--
臺北市：東大出版：三民總經銷，
民79

面； 公分．--（滄海叢刊）

參考書目：面293-294

ISBN 957-19-0320-5（精裝）
ISBN 957-19-0321-3（平裝）

1.儒家

121.2 79001314

1990

© 儒 學 的 常 與 變

基本定價 肆元貳角貳分

編號 E12073

中華民國七十九年十月初版

印刷所 東大圖書股份有限公司
發行所 東大圖書股份有限公司
地址／臺北市重慶南路一段六十一號二樓
郵撥／〇一〇七一七五——〇號

行政院新聞局登記證局版臺業字第〇一九七號

東大圖書公司印行

ISBN 957-19-0321-3 （平裝）

個文化系統比儒家做得更好。而近半個世紀來，當代新儒家自我反省之深透，自我批判之嚴格，自我期許之堅卓，也遠非其他宗教或學派所能望其項背。然則，儒家心靈之開放而不封閉，儒家生命之鮮活而不僵化，儒家義理之有經有權、有常有變，實已毫無疑義。

二年前，應邀出席新加坡國際儒家會議，我宣讀的論文，是〈儒學的常與變〉。文中陳述「守常應變」、「順時制宜」、「守經通權」三大義，並臨場作了一個親切的指點，認為「與會的學者，都對歷史文化、民族鄉土，以及人民的生活、社會的境況，有著一份真摯濃厚的關懷，有著一份抑制不住的不安不忍之心和憤悱不容已之情」，因此，在我看來，「大家都是儒者」。我的說法，雖曾引起幾位學者的質疑，但我所說，並無虛妄，而彼此商量切磋的意思，也已綜為「五點討論」附於該文之後。我很珍惜當時的精誠，所以在輯印本書之時，便特別以該文的題目作為本書的書名。

本書是繼《新儒家的精神方向》、《儒家思想的現代意義》二書之後，另一部非學究式的學術論集。全書分為甲、乙、丙三篇：

甲篇「儒學與現代化」。這六篇文字，是近二、三年來在國際學術會議宣讀的論文以及在文化研討會上的講錄。講說的時間地點雖有不同，而討論的中心主題，則皆關乎儒學之時代性以及中國之現代化。

乙篇「儒學、思想、人物」，共七篇文字。首二文是關於儒家學術的講論與省察。次二文是就儒與法、儒與道的基本思想及其異同之點，進行比觀和討論。後三文則是對當代新儒家的巨擘：唐君毅先生和牟宗三先生的學思及其對文化學術的貢獻，作一如理如實的表述。

至於丙篇「現實關懷與文化反思」，雖只是十四篇短文，但却都是切關「知人論世」的實感之言，也是本書最具可讀性的文字。

蔡仁厚

民國七十九年八月
於東海哲學研究所

儒學的常與變 目次

乙篇 儒學・思想・人物

叁 儒法異同平議——以禮與法爲中心……一四一

丙篇　現實關懷與文化反思

甲篇　儒學與現代化

壹　儒學的常與變

——從經權原則看儒家的鮮活之氣

弁言——活看儒家

儒家不是「骨董」，也不是「文化遺產」，而是脈動活潑的「文化生命」。文化生命，乃是一個眞實的「有」。它時或強旺，時或虛弱，時或貞定、健行，時或散歧、停滯。而它顯發的文化意識，也時強時弱，時隱時顯。但即使隱而未顯，它也仍然潛移默運地在對時代社會起作用。

文化建設的成果是「實」的，而文化意識則不同於具體的物事，它屬於「虛」的一層。然而，就民族生存與文化發展而言，這虛層的文化意識，卻是「不可須臾離」的。它有如空氣，在我們之外，也在我們之中，是永遠都需要的。而且，在各種文化活動的背後，都有文化意識來涵濡保育它，主導支持它，只是工作者往往不自察覺而已。

近數十年來，儒家的精神面目，已日漸彰顯而清晰。去年，我在臺北「國際孔學會議」所提的論文❶，一方面表述「仁智雙彰、天人合德、因革損益、據理造勢」四義，以見儒家義理在人類世界中所含具的普遍而永恒的價值；一方面又就「倫理的實踐、政治的開新、經濟的發展、學術的推進」四目，以申述儒家對現代社會所可昭顯的時代意義及其寬平融通的適應力。其中的講說，唯是一本學術之公、順儒家本所含具的義理而作闡述，並沒有我個人的「增益見」。本文擬再依循「儒學的常與變」這個線索，進行幾點討論。

一、守常應變——理道與理道之表現

儒學，不同於一套專門的知識，而是在知識層次之上的人生社會之「常理、常道」。常理常道是生活的基本原理，它可以適用於任何時代，所以是永恒眞理。譬如孔子所講的「仁」，就是不受時代限制的永恒眞理。仁，是人人本有的，它是道德的本心，也是道德的理則。它顯發到生活上就是生活的原理，只要是人，都應該依於仁來完成人品人格、成就人倫人

❶ 論文題目爲：〈孔學精神與現代世界〉，已編入《國際孔學會議論文集》，於民國七十七年六月出版。現再編入本書。

道。同時，依於仁心之「不安、不忍、不容已」，它不只是要求成己，而且還要通出去以成就天下民物，使世間萬民與天地萬物都能各得其所，各遂其生。儒家最基本的用心，就是要守護和實行這樣的常理常道。

不過，常理常道雖然永恒而不可變，但表現理、表現道的方式，則必須隨宜調整，因時制宜。一般人把「理道」和「表現理道的方式」混爲一談，所以引出許多無謂的夾纏❷。

近百年來中國歷史的特徵，可用「變化以求新」來概括，但一連串的變化求新，卻造成一連串的挫敗。此必有故。其中一個很大的癥結，就是知識份子的心態——只着眼於「應變」，而忽視了「守常」。

其實，從個人到家國天下，都必須依循「常道」來生存發展，所以「守常」是天經地義的。當常道遭受破壞或常道的維護發生困阻之時，就必須採取應變的步驟。但應變只是手段，它本身不是目的。應變的目的，事實上正是爲了守護常道，使常道換一個方式來繼續表現它的意義和價值。所以，徒知「變化以求新」，而不知「體常以盡變」《荀子．解蔽》，是不能「本立而道生」的。

❷ 例如人子之孝親，作爲「理、道」的孝，乃是人心之同然，無可反對。但表現孝道的方式，則須隨順社會境況而調整，以求切合時宜。而民國以來的「非孝」之論，事實上都是在行孝的方式上大作文章。由於反對古人行孝的方式，而遂高唱廢棄孝道，這正是分際不明而引出的無謂夾纏。

文化生命有本有源，沒有人能死守傳統而一成不變，也沒有人能拋棄傳統而無中生有。儒家的態度，應該是「返本以開新」。返本不是戀古，而正是爲了開新。文化的發展，總是前有所承，後有所開。該保存守護的，如果保存不了，守護不住，便是文化的敗家子。反之，該革新求進步時，如果故步自封而不求革舊創新，便是文化的守財奴。儒家不是前者，也不是後者。所以儒家既要求守常，也同時講求順時以應變。

二、順時制宜——因革損益以得時中

孔子有云：「無可無不可」，孟子也說：「此一時也，彼一時也」。這都表示儒家並非固執不通，而能講求時宜。孔子還說過：「殷因於夏禮，所損益可知也；周因於殷禮，所損益可知也。」因，是因襲承續；損，是去其多餘；益，是補其不足。該繼承的理當因襲下來，多餘的自應酌予減損，不足之處則須隨時增益，再加上革命維新之義，合成「因革損益」。有了因革損益這一個隨宜應變之道，儒家就具備了「守常」以「達變」的思想和智慧，而可以「日新又新」以得「時中」❸。

---

❸〈中庸〉第二章：「君子之中庸也，君子而時中。」《孟子・萬章》下云：「孔子，聖之時者也。」孔子不拘一節之善，當清則清，當任則任，當和則和。而其仕、止、久、速，也能義之與比，各當其可，故爲時中之聖。而儒家之「中道」，亦非固定之中，而是有常有變的「時中之道」。

「時中」之義，大矣美矣。其中含有三個意思：

一、時中的「中」，是不變的常道。大中至正，不偏不倚，而又無過無不及。這樣的道理，當然是天下的大本，永恒的真理。

二、時中的「時」，是應變的原則。《禮記．禮器》篇云：「禮，時為大」。典章制度，生活規範，都是禮。禮以「時」為大，表示儒家之禮並非一成不變，而必須應時而作，隨宜調整。

三、時中之道，雖是常道，但却不是固定的。固定的中道，是死中，不是時中。只有順應時宜，日新又新，才能隨時變應以得其中。

據此可知，儒家的時中之道，既不同於死板僵化的道德教條，也不是隨意搖擺的不定準原則。它可以「物來順應」，而又萬變不離其宗；它可以定原則、定方向，而又能盡其變化之用。所以是一個「有常有變、萬古常新」的大道。

儒家自覺地要求承先以啓後，繼往以開來。在每一階段，它都有反省、有批判、有調整。而二千多年以來，儒家的發展也實與民族文化生命通合而爲一。因此——

儒家的繼承，是通過理性反省而完成的「批判的繼承」；

儒家的創造，是返本溯源而有所承續的「發展的創造」。

儒家之所以成爲中國(以及東亞)文化的主流，正是由於它能隨宜順時而「因革損益」，故能顯立「時中」法則，以開創文化的浩浩大道。而時至今日，我們更應深切體認：通過因革損益以達於時中，不但是人類文化推陳出新的良方，而且是文化價值能否相續發展的關鍵所在。

三、守經通權——經須通權，權不離經

經、常也，指不變的常道。權、本指稱錘。稱物之時，必須隨物之輕重而移動稱錘以取其平。應事之時，也須衡量本末輕重先後緩急以得其宜。故凡度量事勢以求其合理合宜，皆謂之權。經是原則，權是運用。茲本孟子之言作一說明。

孟子曰：「子莫執中。執中為近之，執中無權，猶執一也。所惡執一者，為其賊道也，舉一而廢百也。」(〈盡心〉上)

楊墨各執一端而失中，子莫度於二者之間而執其中。執中是近乎道的，但執中必須有權，乃能眞正合道。儒家言中，有隨時「斟酌、損益、變通」之義，子莫執中而不知權宜變化，則是「執中」而「無權」。他所執的只是一個固定的中，所以仍然是「執一」。楊氏爲我，墨氏兼愛，皆是執一。執一者必將害道，故爲我則自私利己，有害於「仁」；兼愛則親疏無別，有害於「義」。子莫執中而無權，則有害於「時中」。三者皆「舉一而廢百」，故爲君子所惡。

須知道之所貴者，中也；中之所貴者，權也。孟子稱孔子爲「聖之時者」，又說禹稷與顏回、

曾子與子思，「易地則皆然」（見〈離婁〉下）。聖賢立身行事，執中守經，而又通權達變，故能度事地之宜以得時中。

中，乃是常道，是經，是永恒不變的。但道不變、理不變，而事與時空條件則不能不變，要實行不變的經（常道），就必須有應變的權。譬如夏桀商紂是君，君不可弒，是「經」。但桀紂反君道而行暴政，雖尸居君位而實爲獨夫，故孟子曰：「聞誅一夫紂矣，未聞弒君也。」儒者以爲，商湯伐桀，武王伐紂，不是弒君，而是革命。革命便是「權」。由經權原則，正可了解儒家之道，既能「守常」，又能「應變」。

有「經」而後有「權」。權只是一種運用，是用來實現經的。《公羊傳》桓公十一年云：「權者，反於經然後有善者也。」反於經而行，是權宜之計，是手段，其目的仍在回歸於經以成其善。可見經之實現必須通權，權之運用不可離經。

四、儒家的鮮活之氣

先秦「道、墨、法」三家皆有所偏，唯儒家中止寬平而無所偏倚。秦政「以法爲教，以吏爲師」，大敗天下之民。漢初行黃老之術，「清靜無爲，與民休息」。漢武帝採董生之議「復古更化」。其恢復三代禮樂教化、革除秦法苛暴餘習之基本精神，可以歸結爲三點：

1. 尊理性、尊禮義——這是針對黃老之術的不足而發。
2. 任德教、不任刑罰——這是針對法家之煩苛而發。
3. 以學術指導政治——此即所謂「通經致用」，是儒家精神。

而其具體的實施，有如：(1)立五經博士，以樹立國家學術之標準；(2)設博士弟子員，培養學術人才以領導國家政治；(3)施行郡國察舉，責成地方官爲國選才；(4)禁止官吏經商，裁抑兼併，以貫徹「以學術指導政治，以政治指導經濟、改造社會」之原則；(5)打破封侯始可拜相之慣例，開布衣卿相之局，以突顯士人政治的性格。這些做法的思想根據，即是「五經」所代表的文化傳統與文化理想❹。而所謂「通經致用」，也正是「經權原則」具體的運用。

自漢代下及辛亥革命，歷代的儒家都對時代社會有所因應，其間的成敗得失玆不及論。現只就當前的問題，略爲一說。二十世紀的中國問題，本質上是文化的問題。如果沿用老名詞，則仍可統歸於「內聖」與「外王」二個綱領之下，內聖，是安身立命的道德宗教之問題，屬於「終極關懷」一面；外王，則是事功問題，其中含有政治與知識技術兩行，這是屬於「現實關懷」的一面。儒家之學既然「以內聖爲本質，以外王表功能」，當代儒家學者自須就此兩行進行反省，以

❹ 參閱拙著《新儒家的精神方向》（臺北，學生書局）頁一〇五至一一六，〈從漢武帝獨尊儒術談起〉一文。

決定其發展的方向。歸總地說，中國文化問題不外下列三大綱❺：

第一、光大內聖成德之教以重開「生命的學問」（這是所有中國人所必須正視的安身立命的問題）。

第二、開出法制化的政道以完成民主建國之大業（這是近百年來中華民族共同的要求和莊嚴的奮鬪）。

第三、調整民族文化心靈的表現形態以自本自根地開出知識之學（這是中國文化要求充實發展的一大重點）。

第一項是文化傳統承續光大的問題。二三兩項則是文化生命之充實與開擴，從儒家說可謂之「新外王」，從中華民族說則正是「現代化」的兩大重點。關於思想觀念上的反省疏導，儒家學者已經盡了數十年的精誠。至於現實層上較爲具體的問題，則須尊重客觀的學術，尊重各學門「專業性、專技性」的知識。所以，儒家從來都不是站在與專門學術相對立的位置，而是從文化眞理的立場，採取「相與爲善，樂觀厥成」的態度。我們認爲，各種各類的學術研究以及各個部門

❺ 中國當前的文化問題，亦正是當代新儒家最爲關切之問題。拙著《新儒家的精神方向》頁一九至二八，曾列爲三目加以論述：⑴道統之光大：重開生命的學問；⑵政統之繼續：完成民主建國；⑶學統之開出：轉出知識之學。另拙著《儒家思想的現代意義》（臺北，文津出版社）之上卷，亦對儒學與現代化之問題，多有討論，併請參看。

門的實務工作，皆可不相隔而相通，不相妨而相益。因此，弘揚儒家學術，也不能僅由講哲學的人負責，文史學者以及政法社會學者，皆應從不同的層面，不同的角度，來發掘儒學的眞價值。

事實上，儒家也不宜以「家」、「派」自限❻，它既以「心同理同」爲基礎，自然永遠與時代社會同其脈動，所以其精神血脈永遠是鮮活的。至於它的時效性與實效性能夠表現多少，就看中華兒女能否「異地同心、分工合作、身體力行」了。

筆者一向認爲，儒家的精神是活的，儒家的生命是活的，儒家的原理也是活的。基於心同理同的感受，與會的學者，都對歷史文化、民族鄉土以及人民的生活、社會的境況，有着一份眞摯濃厚的關懷，有着一份抑制不住的不安不忍之心和憤悱不容已之情，因此，在我看來，大家都是儒者。人人以儒者的情懷，秉持經權的原則，守常以應變，隨事而制宜，則中華民族的問題、中國文化的問題、儒家學術的問題，都可以開拓變化，日新又新。

---

❻ 儒家與諸子不同。諸子各是一家一派，而儒家雖亦是諸子之一，卻同時又代表民族文化之統（道統）。試從經與子之分別來看，五經歸於儒家，故儒家有「經」有「子」，而諸子之學則只是「子」而已。一般人簡單地將儒家與諸子並列，既非學術之公，亦不合乎史實。拙著《孔孟荀哲學》（臺北，學生書局）之緒言，有一節論「儒家與諸子」，可參看。

附、五點討論

討論一：對評論者的回應

本論文乃呼應大會主題「儒學發展的問題及前景」而作，認爲儒學之發展，首須注意常與變。如果不能「守常」，則將無法「應變」。應變成功就能發展，不成功則不能發展，因而也就沒有前景可言。故本文特從「經權」原則，以點出儒家因革損益、日新又新的鮮活之氣，認爲儒家的精神是活的，儒家的生命是活的，儒家的原則也是活的。

發言的學者，說本文把一切美好的字眼都歸到儒家，是專門挑好的來說。其實，並非如此。一篇論文，可以從正面說，也可從負面說，也可兩面俱說，這是要由論主自作決定的。我們應該嚴加考量的是，他說得對不對？眞實不眞實？如果說得對，說的是眞實的，他縱然把天下一切美好的字眼都堆在儒家頭上，那也是儒家「分所應得」的，有何不可？如果他說得不對，所說的並不眞實，則理當指責之，辯破之。但發言的學者，並無一人指出本文那一句話是不對的、不眞實的。可見本文所說，的的確確是儒家的道理，是儒家的精神（至於開出科學民主之說，見下文討論(三)）。

另有一點，我說，在我看來，與會的學者都是儒家。因爲參加開會的人，「都對歷史文化、民族鄉土以及人民的生活、社會的境況，有着一份眞摯濃厚的關懷，有着一份不安不忍之心和憤悱不容已之情」。這正是儒家的基本精神。我甚至還說，卽使在大會反對儒家的人，也仍然是關切國家民族之前途，關切歷史文化之發展，而內心有所不安不忍，因此才本於他的憤悱不容已之情而對儒家求全責備，痛下針砭；他的說法可能不對，但他表現的卻正是儒家的胸懷和精神。有人問，然則，誰不是儒家？我的回答是，人在任何時、任何地，一旦離開了儒家的原則，違背了儒家的道理，失落了儒家的精神，他就馬上不是儒者。反之，當他一旦覺醒，又重新持守儒家的原則立場，實踐儒家的道理，表現儒家的精神，則我們也立刻又可以承認他儒家的身分。當然，要眞正成爲一個「儒者」，就必須完成君子聖賢的人品，否則便不算眞儒。杜維明教授在會中提到東亞哲學研究所的行政人員，雖然不是儒家學者，但他們長年累月所持續表現的盡其在我的工作精神，和忘我無私的奉獻熱忱，以及以「所」爲家、盡己盡分的參與感，卻正是儒家精神的眞實體現。可見儒家的文化敎養，到現在仍能自自然然地化入人心，隨時而在。而本論文所提出的「鮮活之氣」，也決不是美言、空言，而是眼前活現的事實。

討論二：「性本善」與「性向善」

儒家的心性之學，可以歸結爲「本體問題」和「工夫問題」。⑴從本體上肯定心性之善，而心性之善是「天所與我、我固有之，人皆有之」的；這樣，就解答了道德實踐所以可能的超越客觀的根據。⑵從工夫上肯定人人都可以自覺自主地呈現內在的心性本體，並使之通貫到生活行爲上來成就各種善的價值；這樣，就解答了道德實踐所以可能的內在主觀的根據。下面擬就傅佩榮教授的向善說，略作討論。

第一、「善」可以從行爲的結果上說，也可以從先天的根源上說。所謂「性善」，當然是指人的本性是善的，而不是指行爲上的滿全的善。佛家有「因地」、「果地」二詞，滿全的善是「果地」上的善，指行爲的圓滿和人格的完成。滿全的善是否可能呢？如果可能，它的根據在那裏？這就必須返本溯源，從「因地」上肯定善的根源。儒家講性善，正是從「因地」上說，表示人有先天本具的善根，這個善根叫做「性」，本善的性就是成德成聖賢所以可能的根據。如果人沒有本然的善根善性，就不能說「人皆可以爲堯舜、爲聖賢」。所以，儒家說的性善，是根源上的善，是本然的善，性是「本善」的，不只是「向善」而已。

第二、向善或者向惡，乃是氣稟顯示的傾向，而儒家並不從「氣質之性」講性，而是以「義理之性」爲性。從義理之性說善，乃是先天定然的善，不只是傾向於善。如果所謂「向善」的向，是定向，不是傾向，則表示「性上的善」有定然性、必然性，既然如此，直接說「性善」、「性本善」即可，用不着加一個「向」字。

第三、肯定人性善、性本善，並不是說人的行爲一定善，更不是說所有的人都是善人。須知有了善的心性、善的本體，還要隨時反省自覺，使本性呈現起用，才能成就善的人品和善的價值。儒家講性善，正在於指出人人都有善的本性，只要一念自覺，本性呈現，擴充到生活行爲上就能成就善的價值。這是人人可以自己作主的，用不着求之於外，所以孔子說：「爲仁由己」，孟子也說：「反身而誠」。如果人的生命之中沒有本善的性，他縱然天天「反身」(反求諸己)，也仍然不能「誠」；如果人的生命之中沒有「仁」，則所謂「爲仁」就不能「由己」，而只能是「由他、由人」了。孟子有一句話說得很好：「非行仁義，由仁義行也。」這表示，道德實踐不是被動地去踐行一個外在的仁義，而是主動自覺地順由內在本有的仁義心性而行。這樣，才是「爲仁由己」，才能「反身而誠」。

總之，儒家講性善，是性本善。先肯定一個善的本體，再通過工夫實踐，使「本體的善」表現而爲「具體的行爲上的善」。在行爲上可以要求滿全，但如果不肯定人有善（本善）之性，則所謂滿全的善，必將沒有着落，而失去它所以可能的根據。

討論三：儒學、科學、民主

中國傳統文化中沒有近代意義的科學與民主，這是事實，但文化不是靜止的，它永遠在發展中。以往沒有的，今天明天可以有，而文化價值的完成，也本是一種創造活動，必須每一個民族的文化生命在其自覺實踐中來完成。

科學是知識問題，民主是政治問題，科學知識有普遍性，民主政治也有普遍性，二者都不專屬於某一國家某一民族，是大家共同需要的。歐美先發展出來。不過在時間上搶先一步而已。

中華民族數千年來表現了極高的科學心智，也發明了許多科學技術，但卻未曾開出知識性的學術傳統；中國文化或儒家思想，有「民為本、民為貴、重民意、重民生」的傳統，但仍然未曾正式建立民主政治的體制。這並不是儒家不要科學與民主，也不是儒家思想與科學民主相衝突，而只是由於歷史條件和時代社會條件有所拘限而已。

須知民族文化心靈，永遠都是在「具體的感應」中活動的。在以往的傳統社會裏，知識技術的需求並不迫切，而中國人的才智聰慧又足以解決當時出現的一些知識技術之問題，所以傳統講學的重點也一直沒有落在知識之學上，而是落在生命的學問上。以往沒有感受到知識技術的迫切需要，那是古時候的外緣境況；現在感受到了，便理所當然地會要求開出科學。至於民主的問題，基本上是一個「體制」的問題。儒家在政治層面上所提出的基本原則，雖然大部分都具有普遍而永恒的意義，但卻欠缺二步立法（一是限制皇權的立法，一是確定人民權利義務的立法），這是客觀法制化的問題，是體制問題。而中國傳統政治的三大困局（朝代更替，治亂相循；君位繼承，骨肉相殘；宰相地位，受制於君），儒家始終未能解決，其癥結也正在政治的體制上。如今西方做出來的民主政體，在儒家看來，正是二千年中苦思不得的東西。這個客觀化的體制一旦建立，不但中國傳統政治的三大困局可以消解，而儒家的政治理想也由於有了客觀法制的保障，而可一一得其實現。

當代新儒家通過文化的反省和思想觀念的疏導，認爲科學民主都是文化價値的內容，都是文化生命、文化心靈所要求的，所以有「開出」之說。開出，就是發展出，文化的相續發展，是「理」，也是「勢」（理所當然，勢所必然）。其中有思想的反省，有實踐的步驟，是一步莊嚴而艱鉅的奮鬪，並不是提出一句話就可以直接開出來。儒家講道德主體，道德主體肯定一切文化價値，也要求成就一切文化價値。所謂「內在的要求」，卽是由道德主體所發出的價値性的要求，它要求創造各種文化的價値（包括科學、民主等等）。當這個要求在具體的感應中透露出來之後，就必須因時、因地、因事而制其宜（此中含有層層無窮的問題和工作）。然則，誰來決定「宜不宜」？又是誰來「因時」而制宜？仍然是從道德主體的具體感受開始。它感受到科學民主的重要性與價値性，然後就會隨事順時而權衡斟酌其實踐的步驟，而這些實踐的步驟以及實踐過程中顯示的利弊得失，也永遠需要道德主體的鑒照而隨宜損益、隨時調整。所以講論儒學，弘揚儒學，並不限於內聖一面，對於科學民主的發展，也是可以有正面促進之功能的（至於落實到政治、經濟、敎育、社會等等的實務之「事」上，則儒家的基本態度是「尊重客觀的學術，尊重各學門的專業知識」）。

關於到底開得出或開不出的問題，首先必須衡量一下：儒家思想與科學民主，畢竟是相順的，還是相逆的？如果「相順」，就可以創造發展，可以開得出；如果「相逆」，就會牴觸衝突，就開不出。我們認爲，由「民本」到「民主」，是相順的發展，並不相逆。而良知與知識，也只是層次的差別和活動方式的不同。只要自覺地調整民族文化心靈的表現形態，使知性主體從德性主體的籠罩之下透顯出來獨立起用，則可以展開認知活動以成就知識。這屬於另一個觀念的說明，見下文討論四。

討論四：關於「良知自我之坎陷」

「良知自我之坎陷」這句話，是牟宗三先生四十一年前所提出的。民國三十六年他在南京辦《歷史與文化》雜誌，發表〈王陽明致良知教〉一長文，其中第三章「致知疑難」，討論到良知與知識的關係，因而提出這一句話。這是在陽明良知學的系統中來討論如何成就知識的問題。七年前，我寫過〈關於良知自我之坎陷〉一短文，發表於《鵝湖》八十四期。現在只能簡單說三點意思：

1. 良知肯定知識的價值，但良知是道德心，道德心要求「與天地萬物為一體」，因此，心與物不相對列，沒有主客相對的關係，不能進行認知活動，因而良知本身不能直接成就知識。

2. 良知要求知識，而又不能直接成就知識，所以要轉為認知心（認知心是與物相對的，可以在主客對列之局中進行認知活動以成就知識）。由於良知是道德心，是絕對體；而認知心則與物形成對列，是相對的地位。良知為了要成就知識，而自覺地作一步自我坎陷，轉而為認知心。這一步轉化是從絶對（無對）轉為相對，降了一層，所以謂之「坎陷」。坎陷，不是一般所說的坎落、陷溺，而是一個有積極意義的轉換，其目的是為了成就知識。

3.至於說，用「坎陷」一詞到底好不好，大家可以斟酌，只要是有意義的說明，我都可以尊重。但對「良知自我之坎陷」這一句話，也請虛心善會，不要誤解。這是在良知（道德心）系統中的說法，不可隨意浮泛出去。如果順荀子朱子的系統，自可另有講法。我在東亞哲學研究所寫成的〈荀子與朱子心性論之比較〉一文中有所討論，可參看。

在此，還須附帶一提，這次會議的論文提到當代新儒家的論點時，似乎誤解多於了解。我雖然深信會有「誤解轉爲了解」的一天，但是像方克立教授在他論文中用「費盡心機，曲爲解說」來指稱新儒家提出的論點，則不僅隔閡太甚，而且抹煞了別人的學術眞誠，這是極爲不妥的。

討論五：「一心開多門」以及「游魂」之喩

傅偉勳教授的論文提出一連串的問題，雖然有些說法我不一定同意，但我願意讓他的批判反省作爲新儒家「開放精神」之見證。在此，我只提一個意思，傅教授似乎嫌《大乘起信論》「一心開二門」開得不夠多，所以主張「一心開多門」。他的意思我也懂，但覺得沒有必要。因爲「一心開二門」，一個是「眞如門」，相當於本體界；一個是「生滅門」，相當於現象界。第一門是「一」，第二門便是「多」，多已含在其中，多元價值正可以從第二門開出來。所以，我們可以講多元價值，卻用不着去反對「一心開二門」這個有普遍適用性的模式。而牟先生借取《起信論》「一心開二門」的架構來講論中西文化之會通（參《中國哲學十九講》第十四講），其用心也應虛心正視，而不應在此起誤會。

最後，對於余英時教授的「游魂」之喻，也應作個分辨。儒家講身心之學，身是魄，心是魂，身心之學必須身心合一（魂魄一體），而且身的活動也應該在心的主宰之下進行。如今儒學衰微，身心有分離之象。我們要求心魂能回來與身合一，以主宰身之活動（一切價值皆由身之活動而做成）。然則，可能嗎？當然可能，而且隨時隨地都可能。因爲儒家講的心，本就是一個眞誠惻怛的良知明覺，它隨時都能豁醒而回歸於身，以主宰身。因此，頂多只能就身心分離之象而喩爲「靈魂出竅」；既能出，也就能入，一念醒覺，它隨時可以魂魄歸一、身心合一。若通向國家社會，則是儒家之原則精神（魂），落實於事，而與政經體制（魄）合一。但這個合一，卻不是「借屍」而「還魂」。更不是「借」國民黨或共產黨之「屍」，以期「還」儒家之「魂」。「借屍」乃是怪誕反常之事，任何怪誕反常之辦法，都不是正道，都無助於儒家。

七十七年八月宣讀於新加坡「儒學會議」

貳　孔學精神與現代世界

弁　言

孔學不是「骨董」，也不是「文化遺產」，而是脈動活潑的「文化生命」，所以我們要「活看儒家」。

本文的論述，並沒有個人的「增益見」，唯是一本學術之公，順孔學原有之義而作說明。文分甲乙兩部分：甲篇申述「仁智雙彰、天人合德、因革損益、據理造勢」四義，以見孔學義理在人類世界中所含具的普遍而永恒之價值；乙篇就「倫理的實踐、政治的開新、經濟的發展、學術的推進」四目，以申述孔學精神對現代社會所可顯發的時代意義及其寬平融通的適應力。

甲、孔學與人類世界

甲篇文分四節。第一節說明孔子「仁智雙彰」的哲學模型，可爲世界哲學作矩範。第二節說明「天人合德」的生命境界，可爲世界宗教提供會通之路。第三節說明因革損益、日新又新的時中精神，可爲文化價值顯立活的原則。第四節說明孔子知其不可而爲之的毅力，乃是順理以逆勢、據理以造勢的實踐精神，可爲「無理、無力、無體」的現代人類開創新的機運。

1. 仁智雙彰——爲世界哲學塑造新的型範

孔子學不厭，敎不倦，子貢曰：「學不厭，智也；敎不倦，仁也。仁且智，夫子旣聖矣。」❶儒家之學，就成德而言，是仁智雙彰以成聖，就義理綱維而言，也是「以仁爲體，以智爲用」。仁，可以感通內外，智，足以周遍及物。無論就個人成德或就文化功能而言，「仁智雙彰」的文化模型，都是最優越的。

人的生命，本就是一個有仁有智的活體。首先，由「仁」的感通潤化，而成己、成人、成物，這是從體上顯發出來的普遍的善意。它可以感通於人類，潤化於萬物，而達於「民胞物與」❷人與物皆得其所的境界。其次，由「智」的明覺朗照，而知人明理，而「開物成務」、「利用

❶ 見《孟子・公孫丑》上。

❷ 張子〈西銘〉：「民、吾同胞，物、吾與也。」

厚生」❸，這是明智所顯示的周遍及物之大用。而且，由於有仁以爲「體」，則智之「用」也可導入道德的規範，以完成價值性的要求。

近世的思想，以西方哲學爲主潮，而西方哲學重智不重仁，就人類生命之全面安頓以及心靈之全幅開顯而言，畢竟是有所偏的。如果我們能夠不爲西方哲學思想的聲勢所懾服，而平心體察人類深心的嚮往，將可了解「攝智歸仁，仁以養智」，才更能使人類的生命之光與心靈之慧，平正無偏地顯發出來。然則，儒家「仁智雙彰」的哲學模型，豈不正可作爲世界哲學塑造新型範的最佳藍本？至少可以提供其他哲學系統作爲觀摩反省之借鏡。

2. 天人合德——爲世界宗教提供會通之路

中華民族的文化生命沒有走宗教的路，而是「攝宗教於人文」。而「天」的觀念，也從人格神意味的天，而轉化爲形上實體：天命天道。

要了解儒家的天道，有幾個要點必須把握：

(1) 天道是一個創生實體，它生生不息，生化萬物。

(2) 天道以「生」為德。故《易．繫》曰：「天地之大德曰生」。儒家看天道生化，不取自

❸ 「開物成務」，語見《周易．繫辭傳》上。「利用厚生」，語見《尚書．大禹謨》。

然化生的觀點，而認為天道之大生廣生，乃是價值的創造，是善的完成。所以講生生之德、生生之道、生生之理。

(3)天道生德流行下貫於萬物而為萬物之性，而萬物之中只有人類能率性、盡性；通過盡性的工夫，就可以贊天地之化育，而與天地合德。

就儒家的人文理想而言，第三點尤爲重要。而儒家所謂天人合一，也正是在德上合。所以必須說「天人合德」，才算說出了「天人合一」的精確意義。天人合德是從道德實踐上說，這裏的主動權是在人而不在天。天之繼續降命以眷顧人，乃取決於人之是否盡性修德。人盡性修德，天就一定降命。所以孟子講事天，也是從存心養性上來講❹。存心養性是人的主體決定的，與天合德也正是心性本體自主自發的要求。一天不能達到，道德的本心就一天不能安，此之謂「純亦不已」❺。

宗教上講的天人合一或神人合一，其意旨雖然不必與儒家之天人合德相同，但在要求「合」這一點上總算有相通相類之處。唯各大宗教對於天人、神人關係的說明，既因各教之教義系統不同而互有差異，則其會通之道，宜當求之於最無宗教偏見之儒家，乃能求得眞實的融攝相通之規

❹《孟子・盡心》上：「存其心，養其性，所以事天也。」

❺「純亦不已」，語見〈中庸〉二十五章。意謂文王之純德，同於天命天道之於穆不已。

路。

儒家從道德的進路講天人合德，是要求天人來往，上下貫通。天命天道下貫而為人之性，是由天而人，由超越而內在，是來；盡心盡性，上達天德，是由人而天，由內在而超越，是往。在上下來往、相互回應中，既可免於人道倒懸於神道而掛空，又可調適性情以免縱人欲而害天理。如此，自能人神相安，天人和諧。單就此意以言天人關係，即已足供各大宗教作深長之思，以共謀會通之道。

3. 因革損益——為文化價值顯立時中法則

儒家之學，基本上是常理常道的性格。常理常道不可變，但表現常理常道的方式卻可以隨宜變通。孔子早就說過「無可無不可」，孟子也有「此一時也，彼一時也」之言❻，這都表示儒家講求因時制宜，並非固執不通。孔子還說：「殷因於夏禮，所損益可知也；周因於殷禮，所損益可知也。」❼該繼承的當然因襲下來，多餘的自當酌予減損，不足之處則須隨時增益，再加上革命維新之義，乃合成「因革損益」之道。有了因革損益這一個隨宜變應之道，儒家就具備了「守

❻ 「無可無不可」，語見《論語‧微子》篇。「此一時也，彼一時也」，語見《孟子‧公孫丑》下。
❼ 見《論語‧為政》篇。

常」以「達變」的思想和智慧，而可以「日新又新」以得「時中」❽。

時中的「中」，是不變的常道。時中的「時」，則是應變的原則。大中至正，不偏不倚，而又無過無不及，這樣的道理，當然是永恒的眞理，不變的常道。而因時制宜，則是一個活的原則。這個原則的功能，在於隨時宜以顯發文化的眞價值。譬如典章制度、生活規範，都是禮。但禮的文化價值必須隨時宜而顯現，否則便不免僵化而淪爲敎條，成爲死板的形式。故《禮記・禮器》篇云：「禮，時爲大。」禮以「時」爲大，這表示儒家之禮不是一成不變的，而必須因應時代而隨宜調整。只有順應時宜，日新又新，才有可能達到「時中」。於此可知，儒家的時中之道，乃是一個「有常有變、萬古常新」的大道。

文化的發展，總是前有所承，後有所開。儒家自覺地要求承先以啓後，繼往以開來。在每一個階段，它都有反省、有批判、有調整。而二千多年的歷史，也顯示儒學的發展，實與民族文化生命通合而爲一。因此——

儒家的繼承，是通過理性反省而完成的「批判的繼承」；

儒家的創造，是返本溯源而有所承續的「發展的創造」。

❽ 商湯銘其沐浴之盤曰：「茍日新，日日新，又日新。」（見〈大學〉引）。「時中」，語見〈中庸〉第二章。

而儒家之所以能夠「返本以開新」而成為中國（與東亞）文化之主流，正是由於它能隨宜而「因革損益」，以顯立「時中」法則，所以才能開創文化的浩浩大道。時至今日，我們更深切體認到，通過因革損益以達於時中，不但是人類文化推陳出新的良方，而且是文化價值能否相續發皇的關鍵所在。

4. 據理造勢——為人類前途開創新的機運

儒家講學，一直是對人類乃至全宇宙而發言。譬如孔子講「仁」，孟子講「心性」，〈中庸〉、《易傳》講「天道性命」，以及程明道講「天理」，王陽明講「良知」，既不是專為某階級、某地區的人而說，也不是專對某種族、某國家而言，而是對整個人間社會乃至萬物世界而講說。儒家(1)開發了「人性本善的道德動源」和「天人合德的超越企向」；(2)建立了「孝弟仁愛的倫理思想」和「情理交融的生活規範」；(3)體證了「生於憂患、死於安樂的人生智慧」和「因革損益、日新又新的歷史原則」；(4)提揭了「修齊治平、以民為本的政治哲學」和「內聖外王、天下為公的文化理想」。由此四行八端，已可看出儒家的基本觀念及其具有代表性的思想，都可以作為人類生活的基本原理和人類文化的共同基礎。而儒家「以理逆勢、據理造勢」的精神器識，尤足為人類前途開創新的機運。

當前人類，多半是功利的頭腦，其所思所想，所作所為，總是順勢而趨，而不能唯理是從，

「義之與比」❾。於是，「無理、無力、無體」，竟已成爲現代人類生命的共同特徵。人失去理想的嚮往，就發不出道德的勇氣和眞實的力量，因而其行爲表現也只是講求「事用之便」，而不足以言通體達用。不知「植根立本」而徒然「順勢而趨」，如何能伸張正義、維護公理？又如何能重開機運，使人類步入康莊之坦途？

儒家有二千五百年之傳統，其眞精神是寬平而弘毅、剛健而創進。而自孔子以下，歷代的大儒，也都是奮志逆勢的豪傑。若問，人憑什麼敢於逆勢？曰：憑一個理字。人能「順理」，就敢於「逆勢」；而且還可以「據理」以「造勢」。孔子「知其不可而爲之」，知其不可，是看出「勢」有所不可；而爲之，是堅信「理」之所當爲。明知勢之不可爲，仍然精誠貫徹以爲之，是之謂「順理以逆勢」。能順理逆勢，百折不撓，則終將喚醒人心，開啓新機，是之謂「據理以造勢」。這就是孔子精神，也是儒者的精神。

本文開端，我曾提到要「活看儒家」。今天，我們無須數說儒家已經逝去的陳迹，而應該承續光大儒家的精神血脈。尤其順理逆勢的弘毅器識，和據理造勢的實踐精神，更是人類「起死回生」的良藥。人性之美善高貴，文化之淵懿莊嚴，以及人類機運之開創，胥賴於此。

---

❾ 見《論語・里仁》篇。

乙、孔學與現代社會

乙篇也分四節。第一節說明因時制宜的原則，可使倫理實踐得到新的調適。第二節說明從民本民貴到民主，乃是相順之發展，而完成民主之建國，也可視爲儒家內在之要求。第三節說明道德上的義利之辨，可以轉化爲經濟上的義利雙成，以孕育新的企業精神。第四節指出文化心靈的表現形態，可以由德性主體開出知性，以發展知識之學。而人文教育與知識教育，固當相需而並進。因此，守護文化生命、尊重客觀學術，也正合時中之旨。

1. 倫理的實踐——因時而措其宜

倫理思想必須顯示人生的目標和生命的方向。它包涵生活的原理、行爲的規範，和一系列的價值觀念。總起來說，儒家倫理所講的，是有關一個人立身處世、待人接物的原則，是安身立命以及修己治人之道的一個總稱。

現代社會的人際關係，和老社會的人倫關係，其趨向確有不同。玆分三點略作討論。

(1) 原則差異之融通

倫理原則的差異，主要見之於整體原則與個體原則，隸屬原則與並列原則。但有差異並不等於有矛盾，縱有矛盾也未必不能融通消解。

儒家的五倫關係，雖然並不忽視個體，但在傳統倫常的綱維之中，個體原則不免爲整體原則所籠罩，而減少了個體充分發展的機會。二十世紀以來，西潮激盪，個體性的的要求轉趨強烈，但又矯枉過正，而產生「以個體破壞整體」之偏失。個體當然可以從整體中分出來以獨立發展，古人也承認這個道理，所謂「各正性命」⑩，就是要使每一個體都能成爲眞實獨立的存在。但我們也應了解，個體的發展不能完全脫離社會羣體，它仍然是整體的一部分。只要鬆開整體原則所形成的那個籠罩性的壓力，則每一個體皆可依其分位以伸展它的個體性，而社會羣體也正可成爲個體發展的憑藉。此卽所謂「各當其分，各盡其性」。只要了解個體與整體的關聯性，而不誤認二者是矛盾對立，就可以相需相成而走向一個健康的方向，一方面可以發揮個體的活力，一方面也可增加整體的功能。

其次，在以父子爲主軸的五倫關係中，隸屬原則的影響太大，本屬平行並列的兄弟夫婦之關係，也渲染了隸屬的色彩，遂使家庭裏的父權和政治上的君權過分張大。這種情形，不但不合現代社會「多元、並列」的思潮，而且也與儒家的絜矩之道⑪相違背。其實，上下、前後、左右，

---

⑩《周易．乾卦象》曰：「乾道變化，各正性命。」

⑪〈大學〉傳之十章云：「所惡於上，毋以使下；所惡於下，毋以事上。所惡於前，毋以先後；所惡於後，毋以從前。所惡於右，毋以交於左；所惡於左，毋以交於右。此之謂絜矩之道。」

都是相對並列的關係，本就是多元並列的，除了少數特定的關係適用隸屬原則，一般而言，都只是相互關聯，而不是相互管制(尤其不是單向的管制)。所以，人之相處，都應該以「並列原則」爲基準。而這也正是儒家「絜矩之道」的精義所在。

(2)取向不同的調整

倫理取向之不同，主要是家族取向與社會取向、道德取向與法律取向。

梁漱溟先生曾指出中國社會是「倫理本位，職業殊途」。這表示家族倫理並不妨礙職業（行業）的分途發展。這個意思，我們當然承認。但是在家庭取向下的職業分途，和近代產業革命以後產業經濟的多元發展，還是不相同的。簡單地說，一個是主觀性的親情結合，一個是客觀性的產業組織，由主觀性轉爲客觀性，又必然會關聯到人際關係的調整，此即所謂「羣己關係」。五倫之中當然也含有羣己關係，個人與家庭、個人與鄉黨、個人與國家，都是己與羣的關係。但因社會結構的改變，家族取向的倫理將漸漸轉爲社會取向以建立「羣己關係」的客觀規範。這已是理所應然、勢所必行之事。只要順著「社會公義、團體公利」的原則，在「我爲人人，人人爲我」的醒悟之中，因時而制宜，隨事而變應，自能漸漸規約出一套新的倫理規範。

其次，古人重視人品，重視立身之道，比較顯示道德的取向。現代人重視工作的效果和權益的保障，比較顯示法律的取向。取向雖有不同，但二者之間並沒有不可調適的矛盾。在崇尚法律的現代社會，人同樣有道德的觀念，也同樣表現道德的情操。現代人有許多好的行爲，都不是由於法律的要求，而是本乎道德的動機而做出來。可見法律取向和儒家道德取向的倫理，並沒有本質性的衝突。二者的不同，只是隨順社會形態的變化而顯出的差別，只要順時變應以求其宜，問題自然消解，而且還可以發揮二者相需相輔的功能。

此外，還有公德和私德的問題。儒家並沒有劃分公德和私德，但很重視公私的界限。照儒家的道理，人可以捨己奉公，而不可以假公濟私。至於國人缺乏公德心，我認為這不是倫理思想的問題，而是國民生活習慣的問題。現代化的生活習慣如何養成呢？新加坡是採取重罰政策，成效卓著。雖然重罰不能成就道德，但卻有助於不良生活習慣的改正。我認為加強國民道德教育和重罰違反公德的行為。治本治標，雙管齊下，應該是最為可行之道。

2. 政治的開新——從民本民貴到民主

(1)禮與法的相輔相濟

西漢賈誼在〈上文帝疏〉中有二句話：「禮者禁於未然之前，法者施於已然之後。」禮，是自覺性社會性的約束；法，是強制性政治性的制裁。儒家雖然重視道德教化，但儒家也了解，社會治安和生活秩序的維持，不能沒有法律的制裁。孟子就主張，上必須有「道揆」，下必須有「法守」，而且還說：「徒善不足以為政，徒法不能以自行」⑫。可見儒家講德治禮治，不但和法治

⑫ 語見《孟子．離婁》上。

不相排斥，而且要求二者相互配合。禮義之道是治國的綱領，法刑則是禮義這個綱領之下的推行公務的具體措施。禮與法的關係，實是相輔爲用，相需而成的。

儒家「以禮爲綱，以法爲用」，而法家則抛棄傳統的禮，而單單突顯法的地位。禮與法的牴觸，是法家的問題，與儒家無關。而十九世紀以來法律哲學要求法律與道德結合的思想傾向，卻正透露一個消息，是卽：儒家「以禮爲綱，以法爲用」，在原則上是合乎現時代之要求的（至於傳統儒家在政治上的功能限制，其關鍵另有所在）。

⑵理想原則之法制化

儒家有很崇高的政治理想，有很理性的政治哲學，也創造了很詳密的政治制度，而且在歷史上也完成了廣大而久遠的政治功績。在近代民主政治出現以前，中國的傳統政治也是比較最爲合理的。但它有三個困局一直無法解決：一是朝代更替、治亂相循，二是君位繼承、骨肉相殘，三是宰相地位、受制於君。而這三個問題的癥結，是在於對皇帝所代表的「政權」，一直想不出一個客觀的法制來安排它。如果對照於近代民主政體而從法的角度來看，乃是關於「限制君王權力」與「規定人民權利義務」的立法問題。

在這兩步立法沒有完成之前，儒家以禮爲綱以法爲用的格局，就只能在「治道」範圍內起作用，而無法開出安排政權轉移的客觀法制化的「政道」。而近代的民主政治，正可提供體制性的軌道，來消解中國傳統政治的三大困局。因此，從「民本、民貴」的思想，進到民主政體的建國，乃是一步相順的發展，而且可以視爲儒家內在性的要求和目的。我們認爲，「民本」與「民主」的不同，並不是思想觀念或精神原則有牴觸，而實在只是政治體制的架構問題。安排政權的軌道一旦建立，則治權的運行自然也有了客觀法制的保障和貞定，而儒家的政治理想和政治原則，乃更能獲得充分的實現⑬。

3. 經濟的發展——孕育新的企業精神

近代的工商文明雖然起自歐美，但數十年來，東亞地區工商企業的蓬勃發展，不但使歐美感受到強勁的競爭力，而且已迫使西方學者來探究此一地區新興經濟的精神因素。他們發現，工業東亞都屬於儒家文化地帶，因而認爲儒家的倫理思想，乃是此一地區經濟發展的精神動源。

(1) 道德上的義利之辨與經濟上的義利雙成

論者或謂，儒家倫理強調「義利之辨」，與經濟方面「利益優先」的要求，實相扞格。其實，道德上的嚴辨義利，與經濟上的謀利行爲，乃是二個不同領域的活動。二者的層面、目標既不相同，則彼此之間也可以不相妨礙而分別遂成。董生所謂「正其義不謀其利，明其道不計其

---

⑬ 請參閱蔡仁厚：《孔孟荀哲學》（臺北，學生書局）中卷第八章第四節，以及《儒家思想的現代意義》（臺北，文津出版社）上卷頁九至一四。

功」，乃就立身成德而言；推到家國天下，則可轉出另二句話：「未有義正而不利者，未有道明而無功者。」合義之利，乃是長遠之利、公衆之利；合道之功，乃是廣大之功、天下之功。據此而言，儒家並不排斥利，而是要求「利不背義」。因爲人若「見利」而「忘義」，不但在道德上是汚點，在經濟行爲上也將是不諒於人，甚或不容於法的過錯。

大體而言，儒家在道德上是理想主義的精神，要求完美。通向政治經濟，則是經驗主義的態度，隨事求宜。經濟上的「利益優先」，既非與「義」矛盾對立，則道德生活的「義利之辨」，與經濟活動的「義利雙成」，不但不會在思想觀念上形成扞格衝突，而且在現實層面的具體行爲上，也可懸爲準則，並行而不相悖。

(2)儒家倫理的教化功能可以轉化為企業精神

儒家倫理所顯發的功能，主要是在敎化一面。但那只是歷史條件的限制。若從原理原則作考量，則儒家倫理實具極大的適應力。一般而言，儒家倫理敎人「勤勞、敬業、互信、和諧、合作」，同時講求「隨時求進、日新又新」，並且採取中庸的「和平改革」，而反對激進的「暴烈手段」。這些倫理的原則，都可以有助於「政治的穩定、社會的和諧、企業的發展、經濟的繁榮」。同時，儒家素來重視敎育事業，而敎育的普及，又可直接有助於人才的培養、知識的進步，以及科技的發明。西方學者能夠理解儒家倫理的東亞經濟發展的精神動源，不能不說是有識之言。

當然，東亞經濟的發展，還有「政治體制、社會結構、法律制度」等等的因素（此中自有西方文化的影響），而儒家倫理只是其精神的動力。所以，我們並不認為單靠儒家倫理卽足以創造經濟繁榮。而只是指出，受過儒家倫理薰陶的人，容易呈現一種大體相同的品質，當這種品質融入到現代企業，它就會在默默之中產生一步轉化——將傳統社會的「敎化功能」轉化為現代社會的「企業精神」。

依據學者的探討，儒家倫理表現於經濟方面的特徵，大致有包容性、敎養性、社會性、團隊性、肯定現世價值、預估未來走向等等。西方學者尤其注意到東亞新與經濟倫理，提倡忠於職守的集體合作，要求政府協助指導，反對唯利是圖的心理，注意節約、修身、自律之類的人格陶養。此與西方強調謀利動機、市場競爭、征服自然、優勝劣敗、個人主義之資本主義精神，有著顯著的分別。他們甚且推測，以儒家倫理為動源的東方企業精神，很可能取代以基督新敎倫理為核心的西歐資本主義精神。他們的推測是否會成為事實，現在很難預斷。但儒家倫理所蘊涵的「活的質素」與「活的功能」，可以有助於現代經濟之發展，則大致已堪認定。

4. 學術的推進——由德性主體開知性

(1) 由德性主體開知性，乃屬相順之發展

儒家之學，以道德心性為根源，故凸顯「德性主體」，而開出了內聖成德之學。至於「知性

主體」則未能充分透顯，故也未能發展出知識之學。而如何從重德性主體的學術傳統中，轉出知性主體，以成就科學知識，正是儒家面對的一大課題。

事實上，中國文化心靈也一直在顯發知性之用以認知事物，而且也成就了許多實用性的知識和技術（如李約瑟書中之所述）。但「表現認知作用」是一個意思，而「凸顯知性主體以開出知識之學」又是一個意思。良知（德性主體）順時而感應到知識之學的重要，因而肯定科學知識的價值。但良知是「與物無對」的絕對體，它本身不能成就知識。爲了成就知識，良知必須從德性主體轉而爲知性主體，從道德心轉爲認知心，才能進行認知活動，以成就科學知識。

由德性主體開知性，乃是調整文化心靈表現形態的問題。以往，中國文化心靈著重在德性主體上表現，知性主體爲德性主體所籠罩而未能充分透顯以獨立起用。如今爲了成就知識，良知決定轉換一下它的身分，從道德心（絕對體）轉爲認知心（與物相對爲二），使文化心靈以「主客對列、心物相對」的形態（方式）來展現認知活動，以開出知識之學。這一步文化心靈表現形態的調整，乃是良知在順應時宜的具體感應中自覺地決定的⑭。而這一步決定，對中國文化的充實開擴而言，乃是相順相貫的發展。

再說，從哲學思想作考察，儒家也本有知性主體的透顯。先秦時期的荀子，和南宋時代的朱

⑭ 筆者曾有一短文〈關於良知自我之坎陷〉，刊於臺北《鵝湖》月刊八十四期，請參閱。

子，這二大家所講的「心」，都是知性層的認知心。因此，從儒家思想中透顯知性主體以成就科學知識，實也有其現成的思想線索作爲依據。

(2)人文教育與知識教育之相需並進

學術的推進，自是文化生命的充實和開擴，但瞻前不顧後，一往而不返，也同樣是大非所宜的。當前的學校教育，以傳授知識爲主。學校當然要傳授知識，但國家教育的功能，只此而已乎?在校園裏，有生命與生命的照面，有心靈與心靈的感通。而教育最大的能事，在於誘導青年自動自發地求眞、求善、求美；自覺自律地成長、提昇、發展；進而自由自立地以其才識智能，共同爲國家民族開創新機。

以是，教者與受教者，都必須直立於民族生命和文化生命上，來顯發憤悱敦篤的眞性情。都應該直接從民族文化生命起大信，以振發弘毅的志氣，確立守死善道的眞信念。依於眞性情和眞信念而通觀中國歷史文化的發展，以開顯其未來的方向和途徑，這才是眞嚮往。而器識和智慧的培養，則是教育越知識層面而上之，而顯發出來的人文功能。因此，人文教育和知識教育，必須相需並進，不可偏廢。而當前偏重知識教育而忽視人文教育的情形，無論如何，都不免是教育精神的下墮，文化理想的沉淪⑮。

⑮ 關於儒家的人文教育以及古典教育的性格，筆者有兩篇講錄，編入拙著《儒家思想的現代意義》頁三〇九至三四五，請參閱。

文化學術的推展，是全面性的工作，必須分工合作，乃能共成大業。筆者認爲，作爲一個儒家學者，一方面必須「守護文化生命」，另一方面也要「尊重客觀學術」，以期民族文化之充實開擴、多元發展。即使弘揚儒家學術，也不能僅由少數講儒家之學的人來支撑，文學家、史學家、哲學家，以及政法社會學者，都應該基於文化之共識，從不同的方面來體認儒家學術之精義，以鎔鑄民族文化之新生命。

七十六年十一月十四日宣讀於臺北「國際孔學會議」

叁　儒家精神與中國現代化

繼曲阜、臺北兩地國際儒學會議之後，香港大學亦於一九八七年十二月十六日至十九日，舉辦以「儒學與中國文化」為主題之國際學術研討會，邀請海峽兩岸與外國學者參加。本人承邀出席宣讀論文，唯以忙於課業，而各項手續亦一時趕辦不及，故只寄送論文，煩請友人繆全吉教授代為宣讀。該項會議是否將輯印會議論文集，不得而知。茲且將論文送由《中國文化》月刊先行發表，以就教於各方讀者。

作者謹識　七十六年十二月

前言

首先，我想指出二點不利於中國現代化的誤認。第一，是五四時代的人，撇開「文化傳統」

而講現代化。他們以爲民主科學是新文化，中國要民主、要科學，就必須拋棄中國的傳統文化。這是誤認現代化只是一個斷代的時間先後之問題，因而挑起「新與舊」、「現代與傳統」的衝突和情緒化的決裂。這一個錯誤，已對國家民族和歷史文化造成嚴重的傷害。第二，是近年來大陸上的做法，中共撇開「政治體制」而講現代化，只要求國防、科技等四個現代化，而不容許第五個現代化——政治現代化。這是誤認現代化只是技術層面的問題，因而根本排斥三權分立的民主政治架構。這同樣是對國家現代化不利的封閉的心態，犯了本末輕重失衡的錯誤。

我們認爲，中國的現代化，乃是中國文化生命，在它演進發展之中的一步要求，而以儒家爲主流的中國文化精神，和中國的現代化，乃是「相順」而「不相逆」的。同時，中國的現代化，不是枝枝節節的事，而必須從觀念、思想、體制、法律、生活、器物各個層面通盤進行。而政治的現代化，尤其是最爲中心的骨幹。

筆者新近出版《儒家思想的現代意義》❶一書，對儒家思想之綱領、特性，及其關聯於現代化之種種問題與諸般意義，皆有所陳述。本論文的討論，主要在釐清下面幾個問題。

1. 儒家精神與中國的現代化，是相順的發展？還是相逆的衝突？

2. 什麼是現代化的內容和精神？

❶ 拙著《儒家思想的現代意義》，一九八七年五月，臺北，文津出版社印行。

3. 什麼是中國現代化的中心問題？

這三點都是大問題，本文只能作一綱要性的基本說明。

一、對儒家學術性格之新的省察

儒家有久遠的傳統，當然有它的義理規模、思想體系、理論主張。但儒家的學術，實在是常理常道的性格。它既不同於「一家之言」的諸子百家，也不同於分門別類的專門知識。二千多年來，儒家所積極講論的，一直是以常理常道爲主。孔子講「仁」，孟子講「心性」，《中庸》《易傳》講「天道性命」，《大學》講「誠意愼獨」，以及程明道講「天理」，王陽明講「良知」，既不是專爲某一階級、某一地區而說，也不是專對某種族、某國家而言，而是對整個人間社會乃至整個萬物世界而講說。所以儒家所着重講論的，並不是一套特殊的理論主張，而是有普遍性和永恒性的常理常道。

儒家自然也了解，「理、道」雖恒常不變，但「表現理道」的方式（含典章制度、風俗儀節等），則必須「隨事而變通，因時而制宜」。該繼承的當然因襲下來，該變革的自應革而去之，多餘的必須酌予減損，不足之處理當隨時增益。有了「因革損益」這一個「隨宜變應」之道，儒家就具備了「守常以應變」的思想和智慧，而可以「日新又新」以得「時中」。（本世紀來，中國之動亂失軌，一言以蔽之，正是由於「一味應變，而不知守常」之故。守不住常，則本根不立，何所據以應變乎?筆者認爲，日本之成功，「守常以應變」而已。而國人專事刨本挖根，可謂愚之極矣。)

筆者曾將儒家思想的基本旨趣，約爲八端❷：

1.「人性本善」的道德動源（善出於性，理由心發）。
2.「天人合德」的超越企向（下學上達，與天合德）。
3.「孝弟仁愛」的倫理思想（敦親睦族，仁民愛物）。
4.「情理交融」的生活規範（以禮為綱，以法為用）。
5.「生於憂患、死於安樂」的人生智慧（以理逆勢，據理造勢）。
6.「因革損益、日新又新」的歷史原則（守常應變，與時俱進）。
7.「修齊治平、以民為本」的政治哲學（好民所好，惡民所惡）。
8.「內聖外王、天下為公」的文化理想（己立立人，世界大同）。

據此八端，可以看出儒家學術的基本觀念及其具有代表性的思想，都可以作爲「人類生活的

❷此八端之歸結，首見於筆者於一九八六年八月出席日本東京東方思想前瞻年會所提論文〈儒家思想對人類前景所能提供的貢獻〉之弁言（已編入拙著《儒家思想的現代意義》頁一六五至一八〇）。

基本原則」和「人類文化的共同基礎」。我們平心考察，實在看不出儒家有那一個基本的觀念和思想原則，會和中國的現代化形成牴觸與衝突。依於我們的了解，儒家精神與中國的現代化，乃是相順相通的，而不是相逆相隔的。

二十世紀以來，儒家倫理的形式架構，雖因時代社會之轉型而顯示散塌之象，但從原理原則看，儒家倫理仍然具有很大的適應力。因爲儒家開出的是生活的常道，是以「心同理同」爲基礎而做出來的，並不是某一個人或某一階級所頒佈的教條。以是，它的運用，本就可以改變形式，「因時、因地、因人、因事」而「制其宜」。

近代的工商文明雖然起自歐美，但近數十年來，東亞地帶工商企業的蓬勃發展，不但使歐美感受到強勁的競爭力，而且已迫使西方學者來探究此一地帶新興經濟的精神因素。他們發現，工業東亞（自日本、南韓到臺灣、香港、新加坡），都屬於儒家文化地帶，因而認爲儒家的倫理，乃是此一地帶經濟發展的精神動源。

儒家倫理教人「勤勞、敬業、互信、和諧、合作」，同時講求「日新又新，隨時求進」，並採取中庸的「和平改革」，反對激進的「暴烈手段」。這些倫理的原則，都有助於——政治的穩定，社會的和諧，企業的發展，經濟的繁榮。同時，儒家素來重視「教育事業」，而教育的普及，又可直接有助於「人才的培養」、「知識的進步」以及「科技的發明」。西方學者能理解到儒家倫理是東亞經濟發展的精神因素，不能不說是有識之言。

當然，東亞經濟的發展，還有「政治體制」、「社會結構」、「法律制度」等的因素（此中含有西方文化之影響），而儒家倫理只是其精神的動力。所以，我們並不認爲單靠儒家倫理即足以創造經濟繁榮；而只是指出，受過儒家倫理薰陶的人民，在自由開放的社會裏，很容易表現出一種大體相同的品質；當這種品質融入到現代企業，它就會在默默之中產生一步轉化——將傳統社會的「敎化功能」轉化而爲現代社會的「企業精神」。

至於以儒家倫理爲精神動源的東方企業精神，是否可能取代以基督敎新倫理爲核心的西歐資本主義精神（如某些西方學者之推測），現在難作預斷。但儒家倫理精神有助於現代經濟之發展，則大致已堪認定。而此一情勢之出現，也使儒家倫理中的「活的質素」與「活的功能」，獲得初步的肯定（據聞，曲阜國際儒學會議獲致一個結論：孔子學說對現代化有所助益。希望大陸學界繼此再進，對儒學之價値作全面之體認）。

二、現代化的內容及其精神

所謂「現代化」，它不只是一個時間觀念，也不只是一種生活方式，而是一個有價値內容的觀念。

現代化的眞實意義，是指近代西方文明的成就而言。本來稱爲近代化，近年來才習用「現代化」這個名詞。我個人還是認爲「近代化」這個詞語比較妥當。西方近代化的內容有三大綱：

㈠民族國家的建立——神聖羅馬帝國以後，歐洲各民族依於歷史文化的背景，建立獨立的國家，使國家成爲一個集團的存在，是一個有機而不可分的大個體。在此顯示了「民族建國」的意義。

㈡人權運動的展開——人權是政治層面上的觀念。它必須在「法律的軌道」中運行，在「權利與義務的對待」中求其實現。這是「民主政治」最基本的規範。

㈠㈡兩點合起來，乃成就了民主政體的政治形態和（有法律秩序的）自由開放的社會。

㈢知識的獨立發展——所謂知識獨立，在西方是對中古以來的教會而言。譬如「地動說」便受到教會的壓制，後來壓制不住，知識自由了，科學的發展一日千里。由科學知識的原理而發展爲技術，再下來便是「產業革命」、「工商發達」、「自由經濟」，這都是知識獨立以後的成果。

這三大綱代表近代化的價值內容，也就是所謂「近代文明」。近代文明代表人類歷史文化發展中的一個階段，這個階段中的價值內容，每一個民族都必須「自我完成」，如果自己做不出來，就永遠落在人的後面做跟班，不可能獨立自主。所以，民主政治、人權自由、知識獨立、工商企業、自由經濟等等一連串的價值內容，每一個國家都必須一步一步做出來（後來起步的，雖然可以加快腳步，但還是必須一步步走過去，絕不能騰空跨越，也不能貪圖現成，移花接木）。

至於現代化的基本精神，一個是尊重個性，一個是價值多元。前者可以叫做個體原則，後者可以叫做並列原則。

(1)個體原則（各當其分，各盡其性）

個體原則一定尊重個性，所以西方人講個人主義。中國人對個人主義最不了解，反對的人以爲它只爲個人，自私自利，所以從道德的立場來罵他；贊成的人又望文生義，以爲是個人第一，於是拿個人主義當武器，來和道德原則、國家權力、社會秩序相對抗。所以結果都弄錯了。「個人主義」頂好改稱「個體原則」，它只是尊重個體，發揮個性的意思。而所謂「個體、個性」，可以就人講，也可以就團體講，甚至擴大到國家，也仍然可以被看成是一單位個體。用中國的老話來講，個體原則就是「物各付物」，各歸自己。每一個人各有他的性向、興趣、才分；每一個團體和機關部門各有它的職責和工作目標，每一件事也各有它的性質，都應該順着個別性的不同，來完成它自己的本性。一方面它不受干擾、不受限制，可以自由發展；一方面它也不能違背自己的本分，不能逾分，不能越軌，因而可以形成秩序和軌道。所以結果都能各歸自己、各當其分、各盡其性、各得其所。這個道理，和《易傳》所謂：「乾道變化，各正性命」，也正相通相合。

(2)並列原則（價值多元，分工合作）

現代化的社會，一定是自由開放的社會，承認多元的價值，使社會在各方面都依着他的自性（自己的本性）而撐架開來，這就是所謂齊頭並列，分工合作。而組織上的層級，也是依據分工合作和分級負責的需要而建立的。譬如民主政治，一定要三權分立，講制衡，不講隸屬，所以一定反專制，反獨裁，反極權。這種並列原則，在道理上同於〈大學〉書中所講的「絜矩之道」——「所惡於上，毋以使下；所惡於下，毋以事上。所惡於前，毋以先後；所惡於後，毋以從前。所惡於右，毋以交於左；所惡於左，毋以交於右。」這上下、前後、左右的關係網中，每一個人都是一個中心，人與人之間，彼此相通而不相礙，相關聯而不相牽制，這樣，才眞正可以分工合作，以成就多元的價値。

從以上的敍述，可以看出個體原則和並列原則，二者相輔爲用；而個體與羣體，也彼此息息相關。順個體而來的要求是「權利」，順羣體而來的要求是「義務」。而權利和義務也是相對待的。沒有人只享受權利而不必盡義務，所以沒有特權。也沒有人只盡義務而不能享權利，所以反對奴役。這也正是近代文明最爲可貴的精神。

三、中國現代化的綱領

中國現代化的問題，雖然是全面性的，但主要是集中在二個綱領上。一個是政治問題，一個是知識問題。政治的問題，就是民主政體建國的問題，這是中國現代化最爲本質的關鍵。這一步完成了，就有一個眞正自由開放的社會（有法律制度、有生活秩序，才是眞正自由開放的社會），有了自由開放的社會，則學術獨立，研究自由，科學知識的發展也連帶地可以順利成功。

1. 民主政體的建國——從民本民貴到民主

政治的體制，決定政治的形態。歸結起來，人類史上的政治形態並沒有很多。第一個階段是「貴族政治」的政治形態：希臘羅馬時期和中國春秋時代以前，都屬於這個階段。第二個階段是「君主專制」的政治形態：自羅馬後期到近代民主憲政出現之前，都屬於這個階段；在中國，經過戰國時代的轉形，秦漢以後君主專制成爲定局，直到滿清覆亡，長達二千年之久。第三個階段是「民主政治」的政治形態：在西方，已有三百年的歷史；在中國，自辛亥革命以來，也已進入這個階段。但中國民主建國的大業，迄今仍未完成。在形式條件上，我們也有民主憲法，進一步是如何使憲法施行於全國，使民主政治的體制，眞正成爲中國政治定常的軌道。這個軌道建立之後，全體國民的「自由、平等、人權」，乃能得到法律的保障；而科學的發展以及國家的建設，也必須在民主的體制和開放的社會，乃能獲得正常的推動和眞實的成果。中國文化，本有「尊重民意、重視民生」的傳統，在古老的經典裏，也早有「民爲邦本」（《尚書》）、「民爲貴」（《孟子》）的思想。順着儒家「民本、民貴」的思想方向，其贊成民主政治是理所當然的。所以，從「民本、民貴」到「民主」，乃是一個「相順的發展」。不過，我們也要了解二者之間的差別。

差別的主要之點有二：

第一、「民本」是順着愛民保民的觀念而來，是自上而下的（愛民之政、保民如赤子），在這種情形之下，人民是被動的——被動地接受聖君賢相推行仁政王道的惠澤，被動地接受禮樂教化的薰陶。而「民主」則是自下而上的，是人民自覺自發地爭取自由人權，爭取平等幸福；而且建立了一個政治體制，運用客觀的法律來保障人民的自由和權利。

第二、中國傳統的民本思想，一直是德化的性格，而欠缺一個客觀法制的架構，因而一直沒有完成二步立法：一是「限制君權」的立法，二是「規定人民權利和義務」的立法。這二步立法做不出，則儒家「天下爲公」的政治理想就無法充分實現，而中國傳統政治的三大困局（朝代更替、君位繼承、宰相地位），也將不能落在客觀法制上得到根本的解決。

民主政治既然是一個政治的體制，它當然就有普遍性的效用，西方可以用，中國也可以用。所以，實行「民主」，不能說是西化，而應該說是近代化或現代化。儒家自覺地要守護民族生命，所以不願意爲任何外來的文化宗教所「化」。但儒家堅決地要求「民主」和「科學」。我們甚至可以說，民主和科學，乃是儒家「內在的要求」和「內在的目的」。因爲良知本心是道德價值的根源，因此，它必然肯定民主科學的價值而要求成就它。何況，儒家的外王之學，也必須加上民主政治和科學技術，才能獲得進一步的充實和開擴。（聽說大陸學者有人主張「保存儒家的內聖，拋棄儒家的外王」。前一句是對的，後一句則大錯。儒家外王之學，要求愛民、保民，要求平治天下，要求「開物成務」、「利用厚生」，要求「備物致用，立成器以爲天下利」❸，這種外王之學的道理如何可以拋棄？儒家一向講「因革損益」、「日新又新」，在今天講外王，當然無須再從聖君賢相、仁政王道的模式去講，而應該順承外王精神，吸納「民主、科學」來充實開擴儒家外王之學。這是當前儒家的「新外王」，也正是儒家「時中」大義的發揮與實踐。）

2. 科學技術的發展——由德性主體開知性

中國需要科學技術，早已成爲大家的共識。現在我們所注意的問題，是如何在學習西方的科技而迎頭趕上之外，能進一步從我們自己的文化土壤中，自本自根產生科學（中國人總不能永遠做西方的「科學跟班」）。

就文化心靈表現的形態而言，中國文化是重德的文化。如何從重德性主體的中國文化傳統中，轉出知性主體，以成就科學知識，這是儒家當前的新課題。雖然良知（德性主體）也肯定科學知識的價值，但良知本身卻不能直接成就知識。因爲知識的成就，一定要在「主客對列」的方式之下，以主觀內在的心之認知能力，面對客觀外在的事物對象，進行認知的活動，而後才能成

---

❸「利用厚生」，語見《尚書·大禹謨》。「開物成務」與「備物致用，立成器以爲天下利」，語見〈易繫〉上。

就知識。採取這種方式來進行認知活動的，乃是知性主體（認知心）。而良知並不是知性主體，而是德性主體（道德心）。道德心的表現，要與事事物物相感通，要「與天地萬物為一體」，它的活動根本不採取「主客對列、心物相對」的方式，所以不能直接成就知識。為了要成就知識，良知就必須轉而為知性主體，從道德心轉而為認知心（由德性主體開知性），才能進行認知活動，成就科學知識。所以，我們必須自覺地調整中國文化心靈的表現形態，以完成「開出科學知識」的文化使命。

然則，儒家傳統思想裏面，有沒有知性主體(認知心)的透顯?我們發現，先秦時期的荀子，和南宋時期的朱子，這二大家所講的心，正好就是認知心。

先秦儒家從孔子以後，孟子順承「仁」而講不忍之心、四端之心、良心、本心，他是「以仁識心」，講的是道德心。而荀子卻是「以智識心」，他講的虛壹靜的大清明之心，不是道德心，而只是能「知道」(認知道)的認知心，是知性主體。儒家既有「樹立德性主體」的孟子，又有「透顯知性主體」的荀子。這表示在儒家思想裏面，本有就有「認知心」的頭緒❹。

到了南宋，朱子也認為「心」是「氣之靈」，「能知覺」，所以特別重視心知之明。他講

❹ 參閱拙著《孔孟荀哲學》（臺北，學生書局）下卷荀子之部第一章第一節，以及第四章：〈荀子的心論〉。

「即物窮理」，就是以「心知之明」來窮究「事物之理」，很明顯的是「主客對列，心物相對」，這正是認知心的活動方式❺。可見朱子對心的講法，和荀子所講的心是同一性質，同一層次，都是知性層的認知心。

雖然說，荀子和朱子講學的宗旨，仍然是爲了成德，而不是以成就知識爲目標。但是，我們今天反省儒家的思想，發現荀子和朱子二人所講的心，正好是認知心，這對於「由德性主體開知性」而言，無論如何總是一個好消息。現在我們可以這樣說，從儒家思想中透顯知性主體以成就科學知識，不但沒有本質上的困難，而且已經有了一個現成的思想線索。依於思想觀念的疏通，再進一步把用心的方向和重點作一番調整轉換，則知識之學的開出，就可以成爲一件順理成章的事情。

至於如何從中國文化心靈中開出科學知識，我們可分爲三個步驟來說明。

第一步，必須自覺地調整中國文化心靈的表現形態，也就是說，爲了成就知識，良知要轉換一下它的身分，從德性主體轉而爲知性主體，使認知心從道德心的籠罩之下透顯出來獨立起用，以發揮認知的功能。

第二步，中國文化心靈中的知性主體獨立透顯之後，必須進行三件事：⑴要自覺地培養「純

❺ 參閱拙著《朱子心性之學綜述》（臺中，東海大學一九八六年《東海學報》第二十七卷），乙丙兩節。

知識」的興趣；⑵要確立「重視學理而不計較實用」的求知態度；⑶要學習「主客對列」的思考方式。如此，才能顯發科學的心智，開出知識之學，以建立純知識的學理。

第三步，依據學理，而提供出「開物成務」的具體知識以及各種建設的實用技術，以滿足「利民之用、厚民之生」的要求。

這三步工作，是每一個中國知識分子的共同責任，並不單單是講儒家學問之人的事。

附識：

筆者對中國現代化問題，有其通貫一致的看法。因此，在不同時地，論及相同之題旨，其講法固無二致。本文第三節「中國現代化的綱領」（頁五一至五七），之所以與下文甲「中國現代化的兩大綱領」（頁五九至六四）內容文字重覆，即以此故。為期存真，仍維持兩文原先之結構與面貌，而未予更動。謹特說明。

肆 中國現代化的綱領與層次

有關中國現代化的問題，我已直接間接地講過不少。年初，我把近年來相關的論文和講錄編成一書，取名《儒家思想的現代意義》，列爲鵝湖學術叢刊，由臺北文津出版社印行。這是一部很有「可讀性」的書，有關中國現代化的種種問題與諸般意義，大致都有所論。

今天，我想換一個角度，從中國現代化的三個層次來進行討論。不過，開端還是要對中國現代化的兩大綱領作一個說明。

甲、中國現代化的兩大綱領

中國現代化的問題，主要是集中在二個綱領上。一個是政治問題，一個是知識問題。政治的問題，就是民主政體的建國問題，這是中國現代化最爲本質的一步，這一步完成了，就有一個眞正自由開放的社會，而科學知識的問題也連帶地比較容易解決。

1. 民主政體的建國——從民本民貴到民主

政治的體制，決定政治的形態。歸結起來，人類史上的政治形態並沒有很多。第一個階段是「貴族政治」的政治形態：希臘羅馬時期和中國春秋時代以前，都屬於這個階段。第二個階段是「君主專制」的政治形態：在西方，自羅馬後期到近代民主憲政出現之前，屬於這個階段；在中國，經過戰國時代之轉形，秦漢以後君主專制成爲定局，直到滿清覆亡，長達二千年之久。第三個階段是「民主政治」的政治形態：在西方，已有三百年的歷史；在中國，自辛亥革命以來，也已進入這個階段。但中國民主建國的大業，迄今仍未完成。在形式條件上，我們有「憲法」，進一步是如何使憲法施行於全國，使民主政治的體制，眞正成爲中國政治定常的軌道。這個軌道建立之後，全體國民的「自由、平等、人權」，乃能得到法律的保障；而科學的發展以及國家的建設，亦必須在民主的體制和開放的社會之中，乃能獲得正常的推動和眞實的成果。

中國文化，本有「尊重民意、重視民生」的傳統，在古老的經典裏，也早有「民爲邦本」（《尙書》）、「民爲貴」（《孟子》）的思想。順着儒家「民本、民貴」的思想方向，其贊成民主政治是理所當然的。所以，從「民本民貴」到「民主」，乃是一個「相順的發展」。不過，我們也要了解二者之間的差別。差別的主要之點有二：

第一、「民本」是順愛民保民的觀念而來，是自上而下的（愛民之政，保民如赤子），在這種情形之下，人民是被動的——被動地接受聖君賢相推行仁政王道的惠澤，被動地接受禮樂教化的薰陶。而「民主」則是自下而上的，是人民自覺自發地爭取自由人權，爭取平等幸福；而且建立了一個政治體制，運用客觀的法律來保障人民的自由和權利。

第二、中國傳統的民本思想，一直是德化的性格，而欠缺一個客觀法制的架構，因而一直沒有完成二步立法：一是「限制君權」的立法，二是「規定人民權利和義務」的立法。這二步立法做不出，則儒家「天下爲公」的政治理想就無法充分實現，而中國傳統政治的三大困局（朝代更替、君位繼承、宰相地位），也將不能落在客觀法制上得到根本的解決。

民主政治既然是一個政治的體制，它當然就有普遍性的效用，西方可以用，中國也可以用。所以，實行「民主」，不能說是西化，西化不西化不在這裏講（也不從科學講）。儒家當然反對「全盤西化」，因爲儒家自覺地要守護民族文化生命的「原則性」、「方向性」，以及儒聖之學在中國文化中的「主位性」，所以不願意爲任何文化所「化」。在以前，我們不願意爲佛教所化，而終於使佛教中國化。在今天，我們也不願爲西方宗教所化，所以才產生所謂宗教會通的問題。但是，儒家爲求中國文化生命進一步的充實和開擴，必然堅決地要求「民主」和「科學」。我們甚且可以說，民主和科學，乃是儒家「內在的要求」和「內在的目的」。因爲良知本心是道德價值的根源，因此，它必然肯定民主科學的價值，而要求成就它。何況，儒家的外王之學，也必須加上民主政治與科學技術，才能獲得進一步的充實和開擴（中共在大陸講「四個現代化」，卻又壓制魏京生提出的第五個現代化（民主政治），表示他們既不了解現代化的眞義，也不了解中國文化生命的內在要求）。

2. 科學技術的發展——由德性主體開知性

中國需要科學技術，早已成爲大家的共識。現在我們所注意的問題，是除了學習西方的科技而迎頭趕上，還要進一步從我們自己的文化土壤中，自本自根地產生科學（我們不能永遠做西方的「科學跟班」）。

就文化心靈表現的形態而言，中國文化是重德的文化。如何從重德性主體的中國文化傳統中，轉出知性主體，以成就科學知識，這是儒家當前的新課題。良知雖然肯定科學知識的價值，但良知本身並不能直接成就科學知識。因爲知識的成就，一定要在「主客對列」的方式之下，以主觀方面的心之認知能力，面對客觀方面的事物對象，進行認知的活動，而後才能成就知識。採取這種方式來進行認知活動的，乃是知性主體（認知心）。而良知並不是知性主體，而是德性主體，是道德心。道德心的表現，是要與事事物物相感通，要「與天地萬物爲一體」，良知的活動根本不採取「主客對列，心物相對」的方式，所以不能直接成就知識。爲了要成就知識，良知就必須轉而爲知性主體，從道德心轉而爲認知心（由德性主體開知性），才能進行認知活動，成就科學知識。所以，我們必須自覺地調整文化心靈的表現形態，以完成開出科學知識的文化使命。

然則，儒家傳統思想裏面，有沒有知性主體（認知心）的透顯？我們發現，先秦時期的荀子，和南宋時代的朱子，這二大家所講的心，正好就是認知心。

先秦儒家從孔子以後，孟子順承「仁」而講不忍之心、四端之心、良心、本心，他是「以仁識心」，講的是道德心。而荀子卻是「以智識心」，他講的虛壹靜的大清明之心，不是道德心，而只是能「知道」（認知道）的認知心，是知性主體。儒家既有「樹立道德主體」的孟子，又有「透顯知性主體」的荀子。這表示在儒家思想裏面，本來就有「認知心」的頭緒。

到南宋，朱子也認爲「心」是「氣之靈」，「能知覺」，所以特別重視心知之明。他講「卽物窮理」，就是以「心知之明」來窮究「事物之理」，很明顯的是「主客對列，心物相對」，這正是認知心的活動方式。可見朱子對心的講法，和荀子所講的心是同一性質，同一層次，都是知性層的認知心。

雖然說，荀子和朱子二人講學的宗旨，仍然是爲了成德，而不是以成就知識爲目標。但是，我們今天反省儒家的思想，發現荀子和朱子所講的心，正好是認知心，這對於「由德性主體開知性」而言，無論如何總是一個好消息。現在我們可以這樣說，從儒家思想中透顯知性主體以成就科學知識，不但沒有本質上的困難，而且已經有了一個現成的思想線索。依於思想觀念的疏通，再進一步把用心的方向和重點作一番調整轉換，則知識之學的開出，就可以成爲一件順理成章的事情。

至於如何從中國文化心靈中開出科學知識，我們可以分爲三個步驟來說明。

第一步，必須自覺地調整中國文化心靈的表現形態，也就是說，爲了成就知識，良知要轉換一下它的身分，從德性主體轉而爲知性主體，使認知心從道德心的籠罩之下透顯出來獨立起用，以發揮認知的功能。

第二步，中國文化心靈中的知性主體獨立透顯之後，必須進行三件事：⑴要自覺地培養「純知識」的興趣；⑵要確立「重視學理而不計較實用」的求知態度；⑶要學習「主客對列」的思考方式。如此，才能開啓科學的心智，開出知識之學，以建立純知識的學理。

第三步，依據學理，而提供出「開物成務」的具體知識和推動各種建設的實用技術，以滿足「利民之用，厚民之生」的要求。

以上是對中國現代化兩大綱領略作說明。下面將再從三個層次來作討論。

乙、中國現代化的三個層次

1. 器物層

器物層的內容，包含文物器用、人文景觀，以及現代的經濟建設。

(1)就文物器用而言　在圖書文獻方面，如何保藏，如何管理，如何影印、重版發行，都必須運用現代的技術和設備，來作妥善的處理和有效的利用，使知識的寶藏，發揮教育的功能。譬如商務印書館把四庫全書全部影印，貢獻極大。將來還可以利用電腦的輸入和解讀，發揮更爲便捷的效益。在器物方面，諸如禮器、樂器、祭器、酒器、茶具、服飾，以及玉石、象牙、陶瓷、金屬等等的古玩手飾，還有醫卜星相、農漁工商各行各業的用具以及生活日用的器皿，這些器物，都是祖先的心血，應該珍惜。除了保藏複製，還可以用仿古的方式，使它的手工之精、技術之巧、藝術之美，復現於世。

除了古器物，現代創製的新器物，將來也會成爲文化的資產。因此，創造我們這個時代中國器物的新風格，更是理所當然、責無旁貸的事情。

(2)就人文景觀而言　主要是建築之美，以及建築景觀所顯示的歷史文化之意義。有如宮殿、城堡、園林、祠廟、亭臺、樓閣，以及佛教的寺院、道家的道觀、其他宗教的教堂，還有名勝、古蹟、寶塔、華表……這些都是人文景觀。我們除了要保存它歷史的價值，還要使它顯發文化的意義和教化的功能。譬如攝影印成畫册，或者拍成錄影帶，使人在觀賞之時有身歷其境的感覺，再加上文字旁白的說明，效果就更佳了。通過人文景觀的遊歷和觀賞，它所代表的精神就能通貫到現代人的生命之中，和現代人的心靈融合而爲一，使古人今人的精神血脈交感相應。

譬如大詩人李白遊黃鶴樓，因爲崔灝先有一首詩，使得李白開不了口，下不了筆。等到他遊金陵鳳凰臺，引發感懷，而寫成了一首很有名的詩。頭二句是直接就鳳凰臺說話：「鳳凰臺上鳳凰遊，鳳去臺空江自流」。這二句從自己遊臺而聯想到從前也曾來此一遊的鳳凰。但如今鳳去臺空，只有浩浩江水，仍然不舍晝夜地在流。他把「臺、鳳凰、長江」三者關聯在一起，一下子眼前的天地就打開了，顯示出一片非常壯濶的空間。接着三四句說：「吳宮花草埋幽徑，晉代衣冠成古邱」。鳳凰臺所在的金陵，從三國東吳，到東晉，再到南朝宋齊梁陳，都在這裏建都。當時的繁華盛況，可想而知。但如今巍巍吳宮已變成荒煙蔓草，晉代的衣冠人物，也都長埋於古墓墳邱之中了。這二句所表露的，是「歷史興亡，王朝代謝」的感歎，以及一份對於文武衣冠風流人物的懷思。通過這二句詩，使人的情懷思緒投入到歷史的長流之中，而興感嗟歎。五六句「三山半落青天外，二水中分白鷺洲」，是寫眼前的實景。七八句「總爲浮雲能蔽日，長安不見使人愁」。到最後，他又情不容已地興起了家國之愛，君親之念，而心馳長安，寄慨遙深。我引李白這首詩，不是要做文學欣賞，而是借此爲證，以了解人文景觀對於人的精神心靈、思緒情懷，所能顯發的功能作用。由於這種功能作用，可以使我們眞切了解到，人文景觀的意義和價值並不限於器物本身，而可以隨時引發人的歷史意識，和培養人的文化意識。

(3)就經濟建設而言　主要是指新的大規模的工程建設。像前幾年我們完成的十大建設，和正在進行的十四項建設，都是在現代化的要求之下，直接展開的器物層的新建設。

科學是中性的，它本身沒有色彩，但科學的產物（各項建設），卻常常由於「不同的歷史背景、不同的文化傳統、不同的生活方式、不同的風俗習慣、不同的宗教信仰」，而染上文化的特質和民族的色彩。中國既然是一個歷史悠久的國家，那麼在我們從事這些現代化的建設之時，有沒有想到在現代化的形式外觀上，同時也賦予它歷史文化的意涵和人文傳統的風格呢？有沒有想到在它科學化的功能運作上，也能恰切地貫注一份人文的精神，使它處處蘊含人文的質素，隨時顯發文化的氣息呢？這是很重要很有意義的一層考慮，所以特別提一下，希望能引發大家的省思。尤其希望直接間接參與這類建設的人，能多從這方面想一想，來顯示中國人的文化教養。

2. 生活層

器物層是靜態的，生活層是動態的。生活層的內容有二方面，一是婚喪喜慶的禮俗，一是日常生活的軌道。無論那一方面，也無論採什麼方式，只要是人的生活，都應該表現意義、成就價值。

生活觀念與生活方式的優劣高低，不能只以「傳統」與「現代」對比而作判斷。試以婚禮爲例，依傳統的說法，婚姻是要「合兩姓之好，成人倫之化」，所以要「拜天地，拜祖先」。民國以來，受到西方文明的沖激，我們的婚禮有了很大的變化，基本上是拋棄傳統，競逐時新。但結果卻非常糟糕，就像是莊子所譏諷的燕國少年，他跑到趙國邯鄲學走路，結果邯鄲的步法沒有學會，自己原先的步法又忘記了，最後只落得匍匐而歸，一路爬回故鄉。〈秋水〉篇這個「邯鄲學步」的寓言故事，正好就是民國時代婚禮變化的寫照。我們當前的婚禮，有西方式的教堂婚禮，和現代式的法院公證，最通行的是文明式的飯館婚禮，近年來又有一些新奇的運動婚禮，有跳傘的、溜冰的、游泳的、跳水的、登山的、賽車的、打乒乓球的，不一而足。青年人流行的觀念是「結婚是二個人的事，與他人無關」。這句話好像說得不錯，但如果再想一想，就會發現上面提到的那些新式婚禮，裏面既沒有天地，也沒有祖先，而且顯不出人倫之道的意義。欠缺人倫之道的婚姻，能圓滿幸福嗎？欠缺人倫之道的愛情，又是否可靠呢？

雖然說，愛情是奉獻，不是佔有，而且可以生死不渝。但是，你奉獻，他不奉獻，你不渝，他偏偏要渝（變心）。甚至還說什麼「因誤會而結合，因了解而分離」——好可憐啊！我也是新式戀愛而結婚，二十多年來我們的婚姻，堪稱美滿幸福。但這未必是得之於戀愛結婚，更重要的是我們沒有拋棄傳統的倫理觀和價值觀，所以能貞定婚姻、貞定人生。我對於時下青年所秉持的愛情至上的婚姻觀，老實說，總是不太放心。覺得那樣的婚姻觀，沒有進到「倫常」的意義。須知「化男女爲夫婦」，乃是人倫之大始，而夫婦之情也不只是浪漫的愛情，而應該是有情有義的恩愛，也可稱爲恩情和恩義，所以叫做「恩愛夫妻」。「恩愛」這二個字的含義，比起孤零零一個字的「愛」，不但更美更好，而且更平和、更大方、更溫馨。這種道理，西方人的體會不深，他們甚至不承認夫婦之間可以有恩，我想這和他們的宗教信仰有關。因爲「恩」這個觀念，在他們是屬於上帝、屬於救主的。因此，卽使父母對子女，他們也只有責任的觀念，而沒有恩的觀念。夫婦之間就更說不上恩情恩義了。

我一直認爲，表現生活的意義，成就文化的價值，才是人生眞實的目的所在。而現代化的眞諦，也正是要使人的生活更有意義，使文化的活動更能表現價值。在此，我們無暇舉述生活的種種規範，而只能關聯生活意義的實踐，提出三點意思。

(1)禮讓與公益

禮讓與爭競是相對的。好爭競的人常常損人以利己，而禮讓則能舍己而從公。可見禮讓和公私之辨是直接相關的。禮讓不是爲了私己的利便，而是爲了成全公益。所以禮讓的精神，是「讓利不讓義」。利之所在，可以讓；義之所在，則當仁而不讓。因此，急公好義，見義勇爲，正可視爲禮讓精神的積極表現。

其實，禮讓也並非只是古風。譬如民主國家的政黨競選，是爭；但執政者的政策不能取信於國人時，則主動潔身而退，這就是讓。兩黨政見不同，但在野黨基於國家立場，盡力襄贊執政的敵黨以共成國家之治，這也正是「成功不必在我」的禮讓精神。由此可知，現代化不一定要反古道，古道中的精義也常能有助於現代化(中共仇視文化傳統，仇視儒家，不智殊甚)。

(2)信義與功利

現代化不能不發展工商業，而工商社會必然崇尚功利。功利之習和信義之風，雖然互爲反對，但相反未必不能相成。譬如工商社會也同樣要求人信守諾言，履行義務。但如果人不崇信，不尙義，則法律和契約的效能也將難以發揮，甚至有時而窮。反之，如果國民以信義爲重，以背信不義爲恥，則必不會爲了利而背信，也不會見利而忘義。這樣，就可以轉化功利之習而爲「急公好義」之風。因此，培養國民崇尙信義的價值觀念，不但可以救濟功利之弊，而且可以使現代化的發展，導向健康正常的道路。

⑶敬業與效率

現代社會，人人定時上班下班，看起來好像都能克盡職守，但究竟算不算「敬業」呢？如果他的工作目標只是爲了得到一個好的職位和一份優厚的薪資報酬，那麼他勤奮工作便只是爲了個人的利益，而不一定算是敬業。這種人隨時都可能爲了一個更高的職位或更好的薪資而離職。尤其當他工作的機構發生困難時，他所關心的不是如何設法解決困難，而是如何另謀自己的出路，這樣的人當然不具備敬業精神。

不敬業的員工，不可能有凝聚的向心力，沒有向心力就很難持續發揮工作效率。敬業樂羣，本是儒家倫理的精神，而日本企業界拜儒家之賜，充分發揮了敬業精神，所以人人「以工作爲事業」而全力以赴。他們對事業成敗的關心，超過對職位高低的計較；對整體利益的關切，也超過對待遇厚薄的要求。所以他們的企業單位能夠凝聚不散，持續發揮工作的效率。美國人有感於此，所以喊出「日本能，我們爲什麼不能」這一句話。儒家倫理精神既可有助於現代化，中國人爲什麼不來身體力行？值得大家想一想。

3. 理念層

理念層所顯示的，是原則和方向。「原則」是一種運用，而「運用之妙，存乎一心」。這樣說，好像很空洞，因爲原則本來就不是具體的事件，而是虛層的宗趣。但虛層的原則，卻能顯發眞實的智慧，決定實踐的方向。「方向」是一種選擇和判斷，在面臨「生命原則、實踐方向」的抉擇時，你如何來作決斷呢？在這裏，既沒有經驗作憑藉，也沒有理論作依據，而必須靠你的智慧。譬如當羅馬的行政官問耶穌：「猶太人應不應該向羅馬政府繳稅」？這是一個兩難的問題。你說不應該，就要背上反抗羅馬的罪名；你說應該，就等於背棄自己的同胞。這個時候就要由理念層的原則方向來決定，耶穌是宗教教主，所以他回答說：「讓我們上帝的歸上帝，凱撒的歸凱撒吧」。意思是說，政治的決定，他管不着，他只是以宗教家的智慧，表示出他生命的原則方向，定在上帝這邊。這個回答當然使猶太的民族主義委屈失望，但也無可奈何了。又如甘地的例子，有一位基督教的長老問甘地：「你爲什麼不能做一個基督徒呢」？甘地說：「我已生而爲印度人了」。甘地的回答才是從民族靈魂顯發出來的智慧，是他的文化教養所決定的原則和方向。

我們不是猶太人，也不是印度人，而是中國人。然則，中國人和中國文化的原則方向在那裏呢？孟子說「有以夏變夷，未聞變於夷者也」。可是民國以來，中華民族似乎有「變於夷」的傾向，演變到共產黨，便明目張膽地批鬪中國文化的象徵——孔子，而崇拜「馬、恩、列、史」這些夷狄，這不是「變於夷」嗎！我們中國人還有沒有原則方向？這是必須連同現代化的問題同時作一抉擇的。

前面說過，中國現代化的綱領是「完成民主建國」和「開出知識之學」。對儒家而言，這是外王之學的充實和開擴。但外王事功不能和內聖之學（文化精神）脫節，尤其不容許和內聖之學相衝突。而生命原則和實踐方向，正是內聖之學的血脈所在。玆陳三義，略作提揭。

⑴**天理中心、倫常本位**：一般而言，我們說中國文化是「人本」的文化，和「神本」、「物本」的文化，有所不同。進一步就文化的內涵宗趣而言，就可以歸結地說，中國文化是以天理爲中心，以倫常爲本位。天理，卽是仁，卽是良知，卽是本心善性。因此，凡是「抹煞人性、傷天害理、忤逆倫常」的思想理念，都是和中國文化的原則精神相牴觸、相違背的。

⑵**天人合德、物我相通**：以儒家爲主流的中國文化沒有走宗教的路，而是道德和宗教通而爲一；也沒有走征服自然的路，而是人生和宇宙通而爲一。因此，儒家的天人關係是和諧合一的。天命天道下貫而爲人之性，人盡心盡性以上達天德，天德和人德，天道和心性，是上下相通、相互回應的。凡是「只講天道而不講人道（心性）」或者「只講心性（人道）而不講天道」，都不合乎文化生命的原則方向。同時，儒家的仁道，內以成己，外以成物。它是一個感通的活體。不但與家國天下相感通，也和天地萬物相感通，而且通貫時間大流和歷史文化相感通。因此，凡是「只求自己解脫，只救自己靈魂，而不救國家民族、不救歷史文化」的宗教、思想、主義、學

說，都不合乎中國文化的精神方向，都是我們所不取的。

⑶**報本返始、守經通權**：儒家以「報本返始，守護常道」爲天職。同時肯定天地是宇宙生命的本始，祖先是個體生命的本始，聖賢是文化生命的本始，所以主三祭以返本（祭天地、祭祖先、祭聖賢）。儒家看生命，從來就不採取「小我、個體我」的觀點，而是貫通民族文化生命，把人看做一個有本有源、源遠流長的生命體。所以，凡是「拉掉民族生命之常道，割斷文化生命之本根」的言行，儒家都認爲是忘本忘恩——忘懷天地生化之恩，忘懷祖先生養之恩，忘懷聖賢教化之恩，這都是敗德之行，不可饒恕（但可悔改）。同時，儒家認爲文化的演進發展，必然是前有所承，後有所開，所以揭示「時中」之義。「中」是不變的常道，是經；「時」是應變的原則，是權。儒家之學，有經有權，有常有變，所以要求「守經以通權，守常以應變」。有經有常以爲準據，就可以因革損益，而時措之宜。因此，儒家反對「抱殘守闕、固執不通」的死硬保守派，也同時反對「只知應變，不能守常」的西化、俄化派。

以上三個層次的說明，是從器物層、生活層，說到理念層。其實，從中國現代化的理序而言，三者的順序，正好應該倒轉過來。首先，必須依據理念以顯發原則方向，這是理念層；順從原則方向以表現生活的意義，這是生活層；進而創造各方面具體的文化成果，則屬於器物層。

總結一句話，揭示民族生命文化生命的原則方向，掌握現代化的兩大綱領，展開三個層次的力行實踐，這就是中國現代化的道路。至於中國現代化所涉及的內容，當然非常深廣而繁多，不是一次演講所能一一列舉的，所以我們就講到這裏。謝謝諸位。

七十六年七月三日講於東海大學「中國文化研討會」

伍　儒家與現代化的種種問題

「儒家與現代化」這個問題，對臺、港、海外的儒家學者而言，已經持續討論三、四十年了。而且也先後出版了許多學術性的著作。最近幾年，也有學術會議論文集相繼出版，而散篇論文，爲數更是可觀。我個人的觀點和見解，主要見於《新儒家的精神方向》和《儒家思想的現代意義》二部書中。去年暑假，參加新加坡「儒學會議」，回來寫了一篇感言，在《鵝湖》月刊發表。我說，如果有人或有學術研究單位願意作「彙整」的工作，把三十年來臺港海外學者的論點主張，分門別類作一個全面性的系統整理，就可以發現有關中國文化的問題、儒家思想的問題，以及儒家和現代化的種種關聯，都已有了相當廣泛而深入的探討，有些問題也大致已經形成共識。近年來，大陸言論思想界也開始討論儒家與現代化，可惜他們對臺、港、海外的學術研究了解不夠，因此又要對各種問題重新探索，從頭再來一遍，浪費了不少時間和精力。

這次文化研討會，仍然是對這件事表示關懷，所以我也舊話重提，再來談談儒家與現代化的種種問題。

一、儒家的過去、現在與未來

先秦儒家自孔子以後，首先就受到墨家的挑戰，到孟子出來闢楊墨，而確定了儒家在中國文化中的主流地位，其間雖有道家與其他諸子的興起，但皆不足以動搖儒家的主流地位。到了秦朝才又遭受法家的打擊（焚書坑儒）。漢朝代興，知識分子「反法歸儒」，反法家之苛暴，回歸儒家禮樂文化，而完成了文化建國的大業。但儒家「天下爲公」的政治理想卻未能體制化，到東漢，君主專制的政治形態反而定型了。這是儒家理想政治的一大挫敗。從東漢到魏晉，政治上的清議轉爲學術上的清談，使道家的玄學，也就是「無」的智慧徹底發揮出來。而同時又因緣時會，把佛教「空」的智慧接引進來，而打入了中華民族的文化心靈。在魏晉南北朝直到隋唐這七、八百年之中，儒家在觀念思想上沉寂下來，發不出聲音。而只能守住二條陣線，一個是廟堂之上的典章制度，維持了政治的規模；一個是家庭社會的倫常之道，維繫了常態的風俗教化。但這個時候的中國人，能夠吸收而且消化佛教，也是非常了不起的成就。因爲在人類文化史上，從來沒有第二個民族能像中國人一樣，把一個外來的文化宗教整個兒加以吸收、消化。這表示中華民族「文化生命浩瀚深厚，文化心靈明敏高超」。到了北宋，儒家又有了復興之機，終於把思想領導權從佛敎手裏取回來，而開創了六百年的宋明理學。宋明理學是中國人自己的學問，也是哲學智慧高度的表現，而且是可以和西方哲學相比而毫不遜色的一套學問。它代表一個很高的成就，而且具有永恒的價值。

但是從文化思想的全面性來看，宋明理學仍然有所不足，這個不足就是對外王方面政權轉移的問題，提不出一個法制化的軌道。政治問題不能徹底解決，所以有二次亡於異族的慘禍。明朝亡國之後，「民族生命受挫折，文化生命受歪曲」，三百年來，中國文化不但沒有進步，而且流於封閉僵化。而西方從十七、八世紀開始突飛猛進，開創了近代文明（民主科學）。西方上升，中國下降，一升一降，差距越來越大，這就是我們所熟知的中國近代史。二十世紀的中國人，可以說倒楣到了極點，窩囊到了極點。可是，現代的中國人偏偏自己不反省，不面對問題求解決，只知道埋怨祖先、埋怨孔子、埋怨儒家。從五四以來，儒家已經成爲中國落後的「代罪羔羊」，受盡了誤解和曲解，受盡了打擊和羞辱。到了中共文化大革命，連孔廟孔林都受到直接的破壞。請問，人類歷史上有沒有第二個例子，像二十世紀的中國人這樣自動自發地誣蔑文化的傳統、糟蹋自己的祖先？沒有，沒有第二個例子。

在知識分子失心喪志、盲爽發狂之時，只有屈指可數的幾位儒家人物在數十年的風雨飄搖中站穩腳根，對中國文化傳統作眞切的反省。他們有很高很大的成就，但在現實上，他們非常困頓，非常孤單寂寞。當權在位的人，不知道尊重他們，社會各界也不了解他們。但他們自己很明白，「自古聖賢多寂寞」，所以他們從來「不怨天，不尤人」，也從來不喪失堅定的信念，而奮其孤懷弘識，爲中國文化開創了未來的途徑和方向。他們的努力和成就，在近二年來，大陸的學術界也開始注意了，而且已經進行有計畫的研究。歸總地說，當代新儒家提出的文化途徑和方向，不過三個綱領：

第一、光大內聖成德之教，重開「生命的學問」

這是所有中國人無可閃避，一定要面對的「安身立命」的問題，所以叫做「生命的學問」。幾千年來，中國人都以儒家的道理來做人，來立身處世。如今時代雖不同了，但我們仍然是「人」，還是有「做人」的問題，有「安身立命」的問題。儒家所講的常理常道，乃是人心之同然，是最能成就「生活的意義、生命的價值」的基本道理。因此，我們要永遠守住它，延續它，光大它。否則，我們就沒有臉面來面對聖賢，面對祖先，我們將不成人子，不成其爲一個中國人。

第二、開出法制化的政道，完成民主政體的建國

這是近百年來，中華民族共同的要求，要求一個合乎理性的政治體制。一方面要消解傳統政治的缺點，保障國民和社會的權益；一方面要實現儒家「天下爲公，選賢與能」的政治理想。要想達到這個目的，唯一的途徑就是完成民主政體的建國大業。

第三、調整文化心靈的表現形態，開出知識之學

這是中國文化充實開擴的一大重點，簡單一句話，就是科學的問題。中共所謂「四個現代化」其實都是科學技術的問題，工業農業經濟國防都要靠科技。但他們犯了二個錯誤，一個是只把科學看做實用的東西，而不知道這是一個文化問題，必須從中國文化中自本自根發展出科學，中國才眞正能和西方競爭，否則就永遠只能作人家的跟班。第二個錯誤更嚴重，他們只講四個現代化而不容許第五個現代化（政治民主化）。須知沒有政治的民主，四個現代化卽使有成績，也是不保險的，隨時都可能爲一個政治運動所摧毀。

上面所說這三件大事，都必須全體中國人持續不斷的奮鬬。不管你是什麼行業，什麼階層，什麼專家，什麼黨派，都應該以這三件事作爲奮鬬的綱領。大家必須開誠布公、分工合作，才有辦法救中國。這不是一朝一夕之事，看來至少還要作半個世紀甚至一個世紀的艱苦奮鬬，才能獲得全面性的眞正的成果。

二、當代中國思想的主流

當代中國的思想，可以說是非常的混亂。但我願意說，無論什麼思想在中國提出來，他的最初動機都是爲了「救中國」。因爲救自己的國家，總是人心之所同。問題是，什麼樣的思想，才能夠救中國呢？有的說是三民主義，有的說是自由民主，有的說是馬列共產主義。從五四以來，自由民主的思想，應該算是當代中國思想的主流。但是在中國所顯示的自由民主，只是浮泛籠統的觀念，它雖然盪漾在社會的空氣裏，好像很流行，可是大家的理解非常不一致，而且非常不深入，尤其欠缺具體落實的政治憑藉。有政治憑藉的是三民主義和馬列共產。

在中華民國的臺灣，自由民主的思想本來可以和三民主義的思想相輔相成，但由於歷史因素和現實局勢的限制，二者之間常有牴觸，弄得兩不相順，而引生出不少的誤會和矛盾。而在中國大陸，自由民主的思想，則根本就受到中共的壓制和貶斥。直到最近幾年，才在青年知識界開始萌芽擡頭。

至於儒家思想，雖有二千多年的傳統，可是民國以來卻一直受到攻擊，大陸變色以後，儒家更成爲「反動」的代號，連續遭受壓抑，十年文革暴亂，更是「焚書坑儒」變本加厲的瘋狂表現。到最近幾年，中共發現「人心思漢」，壓抑不住了，才無可奈何地回頭承認孔子，肯定儒家思想的價值。在臺灣，儒家思想是可以自由講論的，但也常常受到扭曲和誤解。不過，我們一向相信，凡是眞實的東西，是絕對壓抑不住、毀滅不了的。中國文化有幾千年的傳統，而儒家正是中國文化的主流。只要中華民族不死亡，中國文化中的儒家思想就會永遠存在。

儒家思想以「常理常道」爲本質，以「心同理同」爲歸趨，而且它還有一個「因、革、損、益」的「時中」之道，所以永遠可以「守常以應變」，以打開一條發展的道路。當代的中華兒女，雖然遭逢時變「花果飄零」，但只要守得住儒家的道理，就總會有可能「靈根自植」、「返本開新」。這些年來，西方學者已經注意到工業東亞地區（日、韓、臺、港、新加坡）本是儒家文化地帶，所以他們認爲，工業東亞的經濟發展，除了政治法律的制度和科學技術，受了西方文化的影響，而其精神動力的根源，則仍然來自儒家倫理。儒家教人「勤勞、敬業、和諧、合作、互信、互助」，同時「重視教育，尊重知識」，講求「因時制宜，日新又新」，並採取中庸的「和平改革」，而反對激進的「暴烈手段」。這些倫理的原則，都有助於「政治的穩定，社會的和諧，企業的發展，經濟的繁榮」。西方學者這種「旁觀者淸」的理解，爲中國人重新認識儒家提供了一種幫助，我們應該感謝他們。

順著儒家倫理的重新發現，我們可以了解一個事實。就是儒家「寬平融通」的精神，及其「守常以應變」的思想性格，和自由民主或三民主義的精神原則，並沒有什麼本質性的牴觸和衝突，而是可以相順相通、相輔相成的。即使馬列共產之徒所要求的「革命、大同、平等」，也本就含在儒家思想裏面，只是儒家講革命，乃是弔民伐罪，是「應乎天理，順乎人心」的行動，絕不是某一階級的革命。儒家講大同，也是以人性爲基礎，「推己及人、民胞物與」的世界大同，而不是一個虛無荒涼的無產大同。儒家講均平，也是「質」上的公平合理，以求「均富」，而不是「量」上的一版糕、一刀平的平等，結果反而造成一窮二白的「均貧」世界。當然，馬列之徒的唯物論、唯物史觀、階級鬭爭，和什麼無產階級專政的思想，更是儒家絕不容許、永遠反對的。

從上面簡單的說明，可見儒家的思想，確確實實是「人心之同然」，是「心同理同」而具有普遍性和時宜性的眞理。如果不從現實的政治憑藉上看，不從新聞的「見報率」上作統計，不從天天掛在人們口頭上的時髦詞語來衡量；而直接回歸到人心（百姓心），從大家共同的眞情實意，從人人本有的良心來看，則我認爲，當代中國思想的主流，仍然是儒家思想，不管你自覺或者不自覺，儒家思想才眞正是中國人所普遍認同的道理。

如果你問，儒家思想到底有那些基本的宗旨原則？多年前我倒是作過一番歸結，共有八點：

1.「人性本善」的道德動源（善出於性，理由心發）。

2.「天人合德」的超越企向（下學上達，與天合德）。

3.「孝弟仁愛」的倫理思想（敦親睦族，仁民愛物）。

4.「情理交融」的生活規範（以禮為綱，以法為用）。

5.「生於憂患、死於安樂」的人生智慧（以理逆勢，據理造勢）。

6.「因革損益，日新又新」的歷史原則（守常應變，與時俱進）。

7.「修齊治平、以民為本」的政治哲學（好民所好，惡民所惡）。

8.「內聖外王、天下為公」的文化理想（己立立人，世界大同）。

這八項道理，都可以作爲「人類生活的基本原理」和「人類文化的共同基礎」（所以，它不是教條，而是普遍的眞理）。但是，你一定還會問一個問題，就是這八項之中並沒有「民主」和「科學」。我的回答是二句話，第一句，傳統儒家的確沒有發展出民主政治，也沒有開出科學知識的傳統。第二句，這八項道理，和民主科學是相順相通，而不是相逆相隔的。因此，儒家一定會促使中國文化發展出民主和科學。我們剛才提到中國文化未來發展的三大綱領，其中第二、三兩項就是民主和科學。下面第三節討論「儒家爲什麼要求中國現代化」，正是要說明民主和科學的問題。

三、儒家為什麼要求中國現代化

首先，我們要正確了解所謂「現代化」到底是什麼意義，現代化包含那些內容，現代化的精神又是什麼？「現代化」不只是一個單純的時間觀念，也不只是一種生活方式，它是一個有價值內容的觀念。什麼是現代化的內容？這可以從西方近代文明的成果看出來，第一個內容是「民族國家的建立」，第二個內容是「人權運動的展開」，第一第二兩項內容合起來，就成就了民主政體的政治形態，和有法律秩序的自由開放的社會。第三個內容是「知識的獨立開展」。知識自由促成科學發展，接下來就是產業革命，而促成了工商發達和自由經濟的繁榮。

至於現代化的精神，可以歸結爲二點，一個是尊重個性，可以叫做「個體原則」，一個是價值多元，可以叫做「並列原則」。儒家所講的各守其分、各盡其性、各得其所，和《易傳》所謂「乾道變化，各正性命」，這些道理，都和尊重個體、發揮個性的「個體原則」相通相合。而儒家講的推己及人的恕道，以及〈大學〉所講的「絜矩之道」，上下左右前後「相通而不相礙，相關聯而不相牽制」，這和多元並列、分工合作的「並列原則」也是相通的。這二個原則，也就是個體和羣體的關係，隨個體而來的要求是權利，隨羣體而來的要求則是義務。權利和義務是相對的，沒有人只享權利而不必盡義務，所以「沒有特權」；也沒有人只盡義務而不能享權利，所以「反對奴役」。這是近代文明很可貴的精神。而廿世紀的共產黨，則是人類史上最大的特權階級；而共產世界也是人類史上最大的奴役社會。現在他們也挺不住了，快要破產了，所以也開放而講現代化了。但共產國家的現代化，必須加上民主政治，才能使這二個原則（個體原則、並列原則）得到眞正的實現。

儒家思想雖然和現代化的精神相順相通，但中國現代化的腳步卻比西方落後二、三百年。最重要的關鍵，是滿淸入關，大興文字獄，壓制思想自由，使得文化心靈漸漸痲木，因而不能面對時代反映問題。到了二十世紀，西方的強勢文化衝入中國，幾乎使中國垮下來。如今，我們已經知道，現代化是一個文化問題，而現代化的內涵，可以歸結爲民主和科學。在中國久遠的文化傳統裏面，有「民本、民貴」的思想，但沒有「民主」的政治制度；有很高的科學心智，也發明了很多科學技術，但卻沒有發展出知識性的科學的學問。換言之，我們有「生命的學問」的傳統，但沒有「知識性的學問」的傳統。生命的學問（包括儒釋道三教）當然有普遍而永恒的價值，必須承續光大。不過這方面的文化價值，和「現代化」沒有直接關係，它是「終極關懷」的問題，現代化不從這個地方講。民主科學才是現代化的關鍵。但民主科學也只是「現代化」，而不應該叫做「西化」。因爲民主科學是中性的，無論東西南北的國家，都應該推行民主政治，都應該發展科學技術。

下面，我們將以問答的方式，來討論幾個問題。

第一、儒家對「民主」的態度如何？

從儒家「民本、民貴」的思想，推進到「民主體制」的制度，是一步相順的發展，而且正好是儒家二千年中「求之不得」的一種政治形態。中國傳統政治有三大困局：一是朝代更替，治亂相循。二是君位繼承，骨肉相殘。三是宰相地位，受制於君。這三大困局，都可以在民主政體的政治形態中加以解決。所以，儒家必然肯定民主，要求完成民主政體的建國大業。

第二、儒家對「科學」的態度如何？

傳統儒家的用心，雖然以內聖成德爲重點，但內聖本來就要通向外王事功。《尚書》講「正德」，也是和「利用、厚生」一起講的。如何利民之用，厚民之生，以謀求生活的福利，當然要靠知識和技術。《易傳》也講「開物成務」。要想開發物資以成就天下的事務，也需要知識技術。更何況《易傳》還有一句話：「備物致用，立成器以爲天下利」。可見儒家並不忽視器械之用。以前沒有發展出科技，是當時的需要性並不迫切。現在我們迫切地需要它，就要調整文化心靈的表現形態，使知性主體透顯出來獨立發用，以成就知識。所以，站在儒家的立場，一定支持發展科學，來推動現代化的種種建設。

第三、儒家的「禮治、德治」和「民主法治」如何調適？

這個問題，我曾寫過一篇文章：〈禮與法的層位及其效用〉（見於《儒家思想的現代意義》一書），是在新加坡的專題演講。杜維明教授告訴我，說新加坡教「儒家倫理」課程的中學教師，把我的文章當作經典來讀。這個話我不敢當。但那篇文章所講的，應該是很持平很恰當的一個說明。儒家從來就沒有忽視「法」的重要，但第一、法不是萬能的，法只能制裁，而不能教導，所以除了法治，還要有教化。第二、法不是最高的，也不是最根本的。最根本的是德是禮，德和禮的層位要比法高。孟子說：「上有道揆，下有法守」。又說：「徒善不足以爲政，徒法不能以自行」。所以儒家「以禮爲綱，以法爲用」（或者說「以德爲本，以法爲用」）。所謂法治，並非嚴刑峻罰，而必須是理性的。民主法治就是理性的法治。理性的法治不可能和道德和禮樂教化有本質性的衝突。因此，民主法治不會和儒家精神相牴觸，儒家也一定贊成民主法治。（在此，可以附帶說一下，中國的法家精神，反倒有專制獨裁的傾向。所以大獨裁者毛澤東要「批孔揚秦」。秦始皇、李斯、韓非那一套，正是老毛所喜歡的。但從儒家的立場或民主法治的立場，則不可能容許秦始皇、毛澤東，也不會贊成李斯、韓非。）

第四、儒家的「義利之辨」和「功利思想」如何融通？

孔子、孟子嚴辨義利，那是君子小人之辨，是道德的問題，是價值取向的問題。但在政治經濟上，在社會生活上，儒家不可能排斥「利」的。孔子「先富而後教」的思想，孟子「爲民制產」，重視民生的思想，以及「藏富於民」、「不與民爭利」的觀念，都對人民謀求財富利益的正當性加以肯定，儒家怎麼會反對「事功」和「利益」呢？儒家反對的，是違背「道」違背「義」的功利。現代民主國家也照樣不容許違害國家利益和社會公衆利益的工商活動，否則，爲什麼有所謂「經濟犯罪」？又怎麼會有所謂「環保抗爭」呢？可見道義和功利之間必須求得一個平衡點，而這個平衡點的基準，一定是在道義這裏，而不能放在功利那裏。儒家就是這樣，「以道義爲本，以功利爲輔」。講道德，當然要嚴辨義利，講事功，就必須尋求一個平衡點，使道義和功利相融通。根據儒家的精神，道德上的義利之辨，是可以本乎「經權原則」而因時制宜，以轉化爲工商企業上的「義利雙成」。

從以上簡要的說明，可以了解儒家並不封閉保守，並不固執不通。它的道理都可以「因時制宜、因地制宜、因事制宜」，所以儒家理所當然會要求中國的現代化。

四、「祛疑」與「解蔽」

民國以來，常常有些似是而非，莫名其妙的說法，在此，可以略舉三點，來祛其疑，解其蔽。

第一、儒家思想在今天是「死的」，還是「活的」？

在沒有回答以前，我倒想先作一個反問，你所謂「死的」是什麼意思？⑴是因爲儒家不能主宰政治的運作嗎？今天的儒家，只要求完成民主政體的建國，而並不要求掌握政治的權力。同時，現代政治上一切正常的運作，都是合乎儒家道理的，這也就是儒家對政治的正面影響。⑵是儒家不能引導人生的方向嗎？孔子說：「爲仁由己」，今天的儒家只要求人人自覺，以自主自律地表現行爲的意義，成就人生的價值，而並不想牽着人家的鼻子走。⑶是儒家不能規範社會秩序嗎？今天的儒家，贊成民主制度下的法律秩序，要求人人奉公守法。至於倫理敎化的重建，恐怕要在政治社會演變定型之後，才會出現自然和諧的新規範。但我可以說一句，今天社會上男女老幼立身處世、待人接物的規矩，仍然是儒家的道理。沒有人能把儒家心同理同的道理從自己的心靈中排出去。這是不可能的，除非你拒絕做人。⑷是儒家不能透顯文化理想嗎？當代新儒家念念不忘的一件事，就是要喚醒文化意識，透顯文化理想，他們已經作了明確的宣導，已經盡了數十年的精誠。至於「國人」能不能覺醒，那就是大家的事情了。但儒家學者相信人心之同然，而不認爲中國人會長此懵懂昏沉下去。

從以上的反省考察，我們認爲儒家不但沒有死，而且生機緜穆而旺盛。雖然由於各種條件的限制，常常有無力感。但儒家的道理是活的，原則是活的，精神更是活的。儒家的文化心靈和文化意識，隨時都在潛移默運中起作用，它隨同全體中國人的生命靈魂在那裏默默蘊蓄，默默地發芽滋長。

第二、儒家和「封建」、「官僚」、「宗法」、「家長制」以及「農業社會」到底是什麼關係？

我先總答一句，沒有關係，至少，沒有直接關係。

「封建」在中國歷史上本來是正面的字眼。周天子不願意中央集權，於是「封侯建國」，與諸侯分治天下。這是基於「分權」的思想而採取「分土而治」。到了戰國時代，封建維持不住，廢棄了。秦朝實行郡縣制，漢朝則封建郡縣並行，但封建有名無實，從此以後，中國就沒有眞正的封建了。而共產黨卻專門以「封建」二個字作爲「誣蔑歷史、醜化傳統」的特用代名詞。這不只是他們無知，而且是一種用心很壞的說法，毫無道理。

「官僚」本指官員僚屬，古今中外，任何國家都有官僚。西方人用「官僚」這個詞就沒有不好的意思。至於「官僚主義」，那是官場上累積而成的流弊。儒家不可能主張官僚主義，也不可能反對革除流弊。流弊歸流弊，儒家歸儒家，從儒家的思想裏不可能找出官僚主義的種子。

「宗法」，本是和「封建」相配合的。隨着封建的解體，宗法也從政治轉到宗族方面，成爲家族血統親疏的依據。對於中華民族的緜衍生息，宗法有正面的作用。但由於君主專制的政治形態在中國有二千多年的歷史，因而又使宗法制度和政治牽連在一起，而形成了所謂「家長制」的政治。這個流弊，其實正是儒家所反對的「家天下、私天下」的流弊，根本不是儒家的主張，不應該把帳算到儒家頭上。

至於說，儒家思想只是「農業社會」的思想，不能適應於工商社會。那也是一知半解的說法。全世界的國家，在產業革命以前，幾乎都是以農業爲主的社會。儒家思想和其他文化思想一樣，有一部分是就當時的社會環境，對某些人、某些事而說的，環境人事改變了，有些話自然就不合時宜。但儒家所講的道理，絕大部分都是常理常道，都是原則性的普遍的眞理。無論農業社會、工商社會，乃至太空社會，人總要做人，總要做事。做人的道理和做事的原則，基本上是不會變的，儒家正是着重於講求這些恒常不變的道理。剛才我們也提到儒家倫理仍然是今天工業東亞經濟發展的精神動力，怎麼能說儒家思想只是農業社會的思想呢？

第三、當代新儒家擔負那些責任？

當代新儒家，雖然可以舉出一些學者來作爲代表性的人物，但他們既沒有任何組織，也沒有什麼憑藉。他們只是學者、思想家，只會講學、著書、寫文章。他們的貢獻在學術思想上。他們的影響，也在於「文化心靈的覺醒」、「文化意識的顯豁」、「文化生命的貞定」、「文化方向的抉擇」、「文化理想的提揭」。這些話似乎很抽象，但這種原則方向的決定，卻是關乎中華民族前途和中國文化發展的重大關鍵。如果他們講得對，就會有正面的影響，起正面的作用，這也就是他們的大貢獻。如果他們所講的有不盡不妥之處，大家可以據理而辯，共同來斟酌衡量。但不可以像某些人所說，認爲當代新儒家只是在傳教，並沒有提出什麼具體的方案。這種說法是非常錯誤的，是別有用心的。

所謂「別有用心」，就是他們想在你身上塗上一層顏色，加上一個符號，認爲你只是懷着「思古之幽情」，在那裏傳播古老的說敎。這些人想把儒家推進棺材，加以活埋，是一種昧良心、忘本的「細人心態」，非常可惡，我們非常瞧不起這種人。

至於「具體的方案」，那是「理」落實於「事」而訂定出來的。在「事」這一層，乃是專家的工作，是政府官員的工作。譬如科學的研究和技術的應用，都是各種各類的專家之事。像數學家、物理學家、化學家、工程師、建築師、企業家、農業專家、法律專家、工商管理、醫師、衞生專家、環保專家……等等。至於全面性的政治建設，則是政府官員、民意代表的責任，而輿論的監督，各行各業的配合，當然也不可少。儒家的立場是——尊重客觀的學術，尊重分門別類的「專業性、專技性」的知識，尊重政府官員和民意代表的職權，尊重各行各業的正當利益。而儒家學者本身，則並不能直接從事那些具體的工作。因爲他們既不在位，也沒有那麼多的本事。你怎麼能要求他訂出「具體的方案」呢？假使具體的方案都要儒家學者來訂定，那末，各種各類的專家做什麼呢？政府官員民意代表又做什麼呢？可見某些人對儒家的評議，是非常沒有頭腦的。

當然，如果在儒家學者裏面，有人也想同時做專家，或從政做官，做民意代表，那是他個人的選擇。但是，他必須「心地純潔、態度平正、胸懷磊落、志向遠大」，才算是儒家的精神。如果只想「作秀」而別有用心，那就不是眞儒家了。

以上所述，是我對於「儒家與現代化的種種問題」之綱領性和原則性的說明。至於落實到具體的實務層面，當然隨時隨地都會出現各種各類的問題，這些問題需要分門別類的知識和技術來處理。所以國家「現代化」的工作，不但需要專家的努力，而且必須朝野上下共同參與，以分工合作，衆志成城。

七十八年一月二十八日講於東海大學「文化研討會」

陸 「孔學的常道性格與應變功能」論要

今年春天，收到北平孔子研究基金會的邀請書，約我出席十月七日至十日分別在北京和曲阜召開的「孔子誕辰二千五百四十周年紀念及學術討論會」。我當時回信，應允参加，並提論文（題為：孔學的常道性格與應變功能）。之後，北平中華孔子學會（原名孔子研究所）、中華文化聯誼會、上海復旦大學，亦分別以儒家思想為主題，決定舉辦國際學術研討會，而人民大學則主辦第十一屆退溪學國際學術會議，皆先後寄來邀請書。一次大陸之行，可以同時出席幾個國際性的學術會議，本是非常難得的機會。但一則天安門之事令人遲疑，二則十月乃屬學校上課期間，延誤課業太多也不相宜，三則七八月間我已有大陸探親之行，如再走一趟，實太勞累。故出席上述各場會議之事，只好作罷。現只將此論文綱要，送由《中國文化》月刊發表，藉資紀念。

七十八年九月二十八日作者附識

一、孔子之學以常理常道為主

1.孔子之學，不同於分門別類的專門知識，也和「一家之言」的諸子之學有所不同。歷代儒者也一向都是立根於民族文化生命之大流，以「開顯文化理想，揭示生命方向，建立生活規範」爲職志。

2.孔子以前是二帝三王的聖王之統，那是王者的禮樂之敎。孔子順著這禮樂之敎的方向，進一步創發「仁敎」，使禮樂之敎中的「生活的形式規範」內轉而爲「生命的自覺實踐」。這就是孔子的創造，也可稱之爲孔子傳統。

3.孔子傳統，是中華民族文化思想的中心骨幹，也是民族文化生命的總原則和總方向。二千五百年來，中國歷史文化的演進，雖有激盪起伏和曲折分化，但無論先秦諸子、兩漢經學、魏晉玄學、南北朝隋唐佛敎、宋明理學，全都是在一個「文化生命主流」之涵蓋籠罩之下，所顯示的大開大合之發展。

4.儒學所講論的，實以「常理常道」爲主。而儒家哲學的基本觀念及其具有代表性的思想，也都可以作爲「人類生活的基本原理」和「人類文化的共同基礎」。簡括而言，可得三端：

其一、本天道以立人道，立人德以合天德——這種「天道性命相貫通」的「天人合德」的哲學，可以使「人生與宇宙通而爲一」、「道德與宗教通而爲一」。這樣的文化理想，應該最適合全人類來共同努力。

其二、以仁爲體，以智爲用——仁通內外，智周萬物。由仁的感通潤化，而「成己、成人、成物」；由智的明覺朗照，而「知人明理、開物成務、利用厚生」。這種仁智雙彰的哲學模型，也是人類所可共同採取的。

其三、心知之上達與下開——心知上達，是通過良知明覺以上達天德，來完成德性生命的價值。心知下開，是良知心體自覺地轉爲知性，開出「主客對列」之局，以成就科學知識。在以往，中國哲學著重上達，今後應同時致力於下開，以使中國文化和哲學，進到更爲充實圓滿的境地。

如果再換一個方式，也可分爲八端，以指說儒家哲學的重要貢獻。玆併爲四行，寫列如下：

(1)儒家開發了「人性本善的道德動源」與「天人合德的超越企向」。

(2)儒家建立了「孝弟仁愛的倫理思想」與「情理交融的生活規範」。

(3)儒家體證了「生於憂患，死於安樂的人生智慧」與「因革損益，日新又新的歷史原則」。

(4)儒家提揭了「修齊治平，以民爲本的政治哲學」與「內聖外王，天下爲公的文化理想」。

二、從守常到應變

1. 文化的發展，總是前有所承，後有所開。凡是應該保存守護的，如果保存不了，守護不住，便是文化的敗家子。反之，應該革新求進步時，如果故步自封，不求革舊創新，便是文化的守財奴。儒家的性格，既不是前者，也不是後者。

2. 儒家自覺地要求「承先啓後」、「繼往開來」、「順時應變」、「返本開新」。（諸子百家只求開新而不知返本，不足以擔當文運。唯孔子善述善繼，守經達變，故能開創文化的浩浩大道。孔子的態度，正是返本以開新。）

3. 孔子守常以應變之思想精神，可於下述三點以見其概：

⑴經權原則——經者，常也。常理常道必須信守，不可忽視，更不可廢棄。權者，審度事勢以衡量本末先後輕重緩急之謂。儒家守經以通權，故能順時變革，因應事機。

⑵無適無莫，義之與比——義者事理之宜。理有一定，事須隨宜。故君子「無適無莫」（態度無偏執，應事無成見），但求一切合義合理。儒家之「禮」，絕非僵化之敎條，而是合理合宜之典制規範。故《禮記》云「禮，以義起」，依事理之宜而與作創制，故能「得人心之同然」，「爲羣倫之規範」。

⑶因革損益，以得時中——孔子言三代之禮，有因有損有益。因，是因襲承續、損，是去其多餘，益，是補其不足。再加上革命維新之義，合成「因革損益」。運用此一隨宜變應之道，故能「日新又新」以得「時中」。

甲、時中的「中」，是不變的常道。不偏不倚，無過無不及的中道，可以立國，可以爲天下之大本。

乙、時中的「時」，是應變的原則。《禮記》云「禮，時爲大」。可知儒家之禮，並非一成不變，而須應時而作，隨宜調整。

丙、時中之道，雖是常道，但卻不是固定的。固定的中，不是「時中」，而是僵化的死中。唯有順應時宜，日新又新，乃能得其時中。

4.總之，儒家守經通權，有常有變。既可以定原則、定方向，而又能盡其變化之用（如何變化得宜以成事功，則有賴於各時代之人，因其時地以制宜）。

三、孔學的時代性與現代意義

1.倫理的實踐——倫理思想必須顯示人生的目標和生命的方向。儒家倫理以成德成善爲目標，其道德取向以及家族取向之特色，與現代倫理之法律取向以及社會取向，實無本質之衝突。

其取向之差異，乃「時使之然」。故可調整。同時，儒家倫理講求「各當其分，各盡其性」，又重視「同心同德，羣策羣力」。既可發揮個體的活力，又可增加整體的功能。而〈大學〉所謂「絜矩之道」，上下、前後、左右，都是相對並列的關係，也正合乎現代倫理多元並列的原則。

2. 政治的開新——儒家「以禮爲綱，以法爲用」。禮義是立國的綱維，法刑則是推行公務的具體措施。禮與法的關係，本屬相輔爲用，相需而成。傳統儒家在政治功能上的限制，不在禮與法之差異，而在「政道」(安排政權之軌道）未能客觀化。對照於近代民主政體而從「法」的角度來看，此乃關於「限制君王權力」與「規定人民權利義務」的「立法」問題。儒家既有「民本、民貴」之思想傳統，自可順應時宜，進一步落實於體制，以完成民主政體的建國大業。從「民本、民貴」到「民主」，乃是一步「相順之發展」，故爲理所當然，勢所必然之事。

3. 經濟的發展——儒家在道德上是理想主義，故強調「義利之辨」。在政治經濟上，則採取經驗主義的態度，故重視「保民、養民」，主張「爲民制產」。可見道德生活上的「義利之辨」，與經濟活動上的「義利雙成」，乃爲並行而不相悖者。而儒家教人「勤勞、敬業、互信、互助、和諧、合作」，同時講求「隨時求進，日新又新」，並採取中庸的「和平改革」，反對激進的「暴烈手段」。這些倫理原則，都可有助於「政治穩定，社會和諧，企業發展，經濟繁榮」。儒家倫理所蘊涵的「活的質素」與「活的功能」（有如包容性、敎養性、社會性、團隊性、肯定現世價値、預估未來走向等），實可有助於現代經濟之發展。而數十年來東亞經濟之成功，也正是儒家倫理的「敎化功能」轉化爲「企業精神」的具體例證。（當然，東亞經濟之發展，還有「政治體制、社會結構、法律制度、科學技術」等因素，此中自有西方文化之影響。但如自家不能立本，便也無法吸取他人之長。）

4.學術的推進——儒家以道德心性爲根源，中國文化心靈也向來着重在德性主體上表現，而知性主體則爲德性主體所籠罩而未能充分透顯以獨立起用，故未開出知識之學的傳統。雖然數千年間，中國文化心靈也一直在顯發知性之用，而成就了許多實用性的知識和技術。但「表現知性之用」是一個意思，而「透顯知性主體以開出知識之學」又是一個意思。如今中國需要科學知識，中華民族之文化心靈當然可以感受到。

此中關鍵，唯在「調整民族文化心靈之表現形態」——由德性主體開出知性，使文化心靈以「主客對列、心物對列」的形態（方式）來展現認知活動，以開出知識之學。這是良知（德性主體）在順應時宜的具體感應中所顯發的自覺決定，對中國文化之充實開擴而言，也是相順相貫之發展。同時，從哲學思想上作考察，儒家也本有知性主體的透顯。先秦的荀子和南宋的朱子，這二家所講的「心」，便正是知性層的認知心。因此，從儒家思想中開出科學知識，實也有其現成的思想線索作爲依據（凡合乎理性之事，依儒家之精神，皆將一一發展而完成之）。

文化學術，必須分工合作，全面推展。儒者在今日，一方面必須「守護文化生命」，另一方面也要「尊重客觀學術」，以期民族文化之充實開擴，多元發展。即使弘揚儒學，也不能僅由少數講儒家之學的人來支撐，文學家、史學家、哲學家，以及政法經濟社會學者，都應該基於文化的共識，從不同的方面來體認儒家的精義，以鎔鑄中華民族之文化生命。既以救中國，也以救人類。

附識：

本論文綱要，不過略述大端。其詳，請參閱拙著《孔孟荀哲學》、《新儒家的精神方向》、《儒家思想的現代意義》各書。

乙篇　儒學・思想・人物

壹　儒家與中國哲學

弁言——「哲學在中國」與「中國的哲學」

首先，必須釐清一個問題——何謂「中國哲學」？

二十世紀以來，西方哲學在中國很流行，但那是從西方傳播過來的外國哲學。而「在中國」的東西，並不就是「中國的」。無論是羅素哲學在中國，杜威哲學在中國，或是馬列唯物哲學在中國，西方宗教哲學在中國……這些思想不管它如何興盛，如何流行，都不是中華民族的慧命，都不能算是中國的哲學思想。

我們必須知道，客觀地研究外國的文化學術，是一回事（這個，沒有人會加以反對）；而如何使中國哲學重開光明，則是中國人自己的天職，這是無可推卸、不容躲閃的。

中國哲學，自有其源遠流長的傳統，不能妄自菲薄。西方人忽視中國哲學，那是他們不了解；如果中國人自己不加重視，不能了解，那則是當代中國人的不肖與愚昧。

一、中國哲學的源流

中國哲學的源流，可以有不同的講法，而最方便而恰當的說明，是以孔子作爲一個基點。由孔子向前回溯，是中國哲學的「源」；孔子以後的，便是中國哲學的「流」。

中國哲學源於二帝三王的道統(民族文化之統)。淺近地說，就是聖王的禮樂敎化，而六經便是其代表性的文獻。這些原始的經典文獻，經過孔子的整理和解釋，而顯示了新的意義和價值。荀子曾說：「王者盡制，聖者盡倫」。王者盡制以聖王爲標準，聖王的禮樂文制是生活行爲的形式規範。人們循此一生活的規範，接受禮樂敎化的薰陶，自然可以成就君子人品；但人們只是被動受薰受化，是不自覺的。在正常情況下，雖然也可得到幸福，而一旦禮壞樂崩，生民便苦了。

孔子出來，說了一句非常重要的話：「人而不仁，如禮何？人而不仁，如樂何？」他指點出，禮樂的內在本質在「仁」，仁是我們生命之中先天本有的，所以孔子又說：「我欲仁，斯仁至矣。」經過孔子這一步點醒，那些生活行爲的形式規範，便不止是外在的形式，而是在我們生命中有內在的根作爲基礎的。這時候，禮樂之敎便已轉化爲成德之敎，而生活的形式規範也轉而為自覺的道德實踐。於是，人人都可以自我作主，以完成德性人格，成就人生價值，不再只是被動的接受沐浴薰化了。

用一個譬喻來說，周公上承二帝三王之道而制禮作樂，是為中國文化「畫龍」；而孔子則是為這條文化巨龍「點睛」的人。在中國文化思想發展的過程中，孔子所完成的是開光點醒的工作，他是中華民族和中國文化的眼目，所以他的學生說：「夫子賢於堯舜遠矣」（堯舜為天子，功施於當代；孔子明聖道，德垂於萬世。）後來孟子更直接說出「孔子之謂集大成」。以上是說「源」的問題。

有了孔子的開光點醒，中國哲學的智慧便「明」出來了。所以孔子以後，諸子學說百花齊放，光輝燦爛。從此以下，便是中國哲學的「流」。

在流衍變化之中，當然有盛衰起伏，這種盛衰起伏也就是文化生命和學術思想的「開合」。(1)諸子學說百花齊放，是開；開的好處是多采多姿。但「開」也表示文化生命的破裂歧出，所以孟子荀子便要求由開轉合。到漢代進到「合」的階段，但這個合並不圓滿。因為內聖方面只落於倫常教化的層面（對聖人與人性無善解，德慧生命不透），而外王方面則形成君主專制政治（不合儒家天下為公的理想原則）。(2)文化生命既漸漸維持不住，於是由東漢的清議轉為魏晉的清談，文化生命又歧出而破裂了。這還只是內部的開，緊接着玄學接引佛教的般若學，佛教思想正式進入中國文化心靈，而中華民族的文化生命乃因異質文化的加入而大開了。這一開就是五六百年，等到吸收和消化佛教的工作完成之後，民族文化生命才又返本歸位，而進到宋明儒學，重新回到「合」的階段。宋明理學有六百年的發展，表現了哲學思想的光輝。但這個階段的合，仍然不夠完整。簡單地說，就是「內聖強而外王弱」（無法消解傳統政治「朝代更替，君位繼承，宰相地位」的困局）。⑶明亡之後，顧黃王三大儒看出其中的癥結，於是又由合轉開，要求「由內聖轉外王」，以開出外王事功。但滿清入主，使我們的民族生命受到大的挫折，文化生命也受到大的歪曲。而滿清一代又正好是西方文化節節上升的時候，人升而我降，差距越拉越大，這就是近百年來我們所面臨的文化問題。

以上是對中國哲學的「源」、「流」所作的一個簡要的說明。

二、儒家哲學的特質

中國哲學的傳統，是以儒家為主流。以儒家為主流的哲學思想，乃是民族文化生命的常數——定常的骨幹，是不可以斷絕的。守護得住這個定常的骨幹，才能談中國哲學的存在。所以，了解儒家，乃是了解中國哲學的關鍵所在。

儒家學問不着重於知識性的論證和概念性的思辯，而是着重於滿足人生實踐的要求。重實踐，就必然要正視這個實踐的主體——生命。儒家以人的生命作為學問的對象，因而形成了以生命爲中心的，所謂「生命的學問」。

我們人的生命，有正和負兩方面。正面的是德性生命，負面的是氣質生命或者情欲生命。對於正面的德性生命，要求涵養充實、發揚上升，以期達到最後的圓滿之完成。對於負面的氣質生命或情欲生命，則須予以變化和節制：⑴變化，是對氣質而言，化掉氣質中的偏與雜，使生命變得中正合理而無所偏，變得清澈純一而無所雜；⑵節制，是對情欲而言，使情欲納入軌道的限制中而不放縱，不泛濫。這負面的變化氣質和節制情欲，固然爲儒家所重視，但他們用心用力的重點，則集中在正面的積極的德性實踐方面。

就正面的道德實踐而言，又可分爲主觀面的實踐和客觀面的實踐。⑴主觀面的實踐，以完成德性人格爲目標；這是各歸自己以要求生命內部的合理與調和，也卽調和「天人、理欲」的關係。⑵客觀的實踐，以淑世濟民、成就天下事物爲目標；這是由自己出發而關聯社會人羣與世間事物，以要求自己與他人、自己與事物之間的合理與調和，也卽調和「羣己、物我」的關係。這主觀客觀兩面的實踐，都是以「人」爲本。通過實踐而肯定自我、完成人格，則「上可以通神，外可以通物」。雖通神卻不是神本，雖通物也不是物本。在這裏，乃顯出儒家學問穩實健康的性格，及其正大光暢的氣象。

要想使主觀面和客觀面的實踐，得到合理與調和，就必須從「內省修德」做起，以培養德性的主體。所謂德性主體，就是內在的道德心性，也就是孔子所說的「仁」和孟子所說的「本心、善性」。而仁心善性又不只是內在的，它同時也是超越的。天道天命流行貫注到我們生命之中而成爲我們的性，這是由天而人、由超越而內在。人有了天所賦予的仁心善性，再通過盡心盡性的工夫，上達天德，以與天道天命相合，這是由人而天、由內在而超越。由天而人是來，由人而天是往，在這一來一往之中，主觀內在面的心性與客觀超越面的天道天命，便通貫而爲一，這就是所謂「天道性命相貫通」。儒家就是根據這個「既內在而又超越，既主觀而又客觀」的心性本體，來進行他們學問的講論，來開展他們人生的實踐，來完成他們價值的實現和創造。

總起來說，儒家重實踐的「生命的學問」，有縱有橫，是質量兼顧的。

(1)由主觀面的縱的實踐，要求與天道天命通而為一；這是成就生命之「質」的純一高明。

(2)由客觀面的橫的實踐，要求與天下民物通而為一；這是成就生命之「量」的廣大博厚。

就這兩行實踐來看，人很容易認爲主觀面的實踐屬內聖，客觀面的實踐屬外王。這樣比配一下，自可有助了解。但也須知，在儒家，主觀與客觀，內聖與外王，乃是相通相貫的。外王是內聖的延伸，內聖一定要通向外王。因爲道德的心性，不僅要求立己，同時也要求立人；不僅要求成己，同時也要求成物。所以一定要往外通，通向民族國家、歷史文化，要聯屬家國天下而爲一體。《尚書》所謂「正德、利用、厚生」，孔子所謂「修己以安人，修己以安百姓」，孟子所謂「親親而仁民，仁民而愛物」，都表示要通出去，以合內外、通物我，以開物成務，利濟天下。這就是外王事功之學。

儒家講外王，在以往是聖君賢相修德愛民的仁政王道。這方面的理想很高，但在今天看來，在政治的客觀義理上，還是有所不足的。其中最主要的癥結，是「只有治道而沒有政道」。另外，關於「開物成務」的知識條件也有所不足。因此，儒家仍須從頭正視「政治」和「知識」二大問題。一須開出政道（政權轉移的軌道）以完成民主政體的建國，二須調整民族文化心靈的表現形態，突顯知性主體以開出知識之學。這二件大事，應該視爲儒家外王學的新內容。而中國現代化的關鍵，也正是落在這二大綱領上。（這方面的意思，我已寫過不少文章，去年五月，並有《儒家思想的現代意義》一書，由臺北文津出版社印行，玆不贅述。）

至於內聖之學，自以成聖成賢爲目標。儒家認爲人人都可以成聖賢，都可以通過道德實踐，完成自己的德性人格，以進到聖人的境地。眞的可能嗎？可能的根據在那裏呢？我們如此追問道德實踐所以可能的、超越客觀的根據，便是關於「本體」的問題；追問道德實踐所以可能的、內在主觀的根據，便是關於「工夫」的問題。內聖之學，主要就是集中在本體與工夫這兩個問題上。

本體論與工夫論，儒家是通而爲一的。所以，「承體起用」、「卽用見體」、「卽體卽用」、「體用不二」，以及「卽本體卽工夫」、「卽工夫卽本體」這一類的詞語，都有它諦當的意義。不了解時，以爲它是弄玄虛；了解了，便知道這是義精仁熟之後最恰當的表述。這些詞語含蘊的義理，關涉儒家內聖成德之學全部的義蘊。自非本文篇幅所能縷述。玆且換一個說法，從作爲

「智慧學」的儒學作一簡要的省察。

三、作為「智慧學」的儒家哲學

「哲學」一詞，源自古希臘，它的意思是「愛智」。而更切當地說，哲學乃是「愛智慧」之學。事實上，哲學的意涵是通貫「知、情、意」、「眞、善、美」的。若只說「愛智」，似乎義嫌淺狹。說爲「愛智慧」，則庶幾更見深邃之意。

西方哲學的大流，到康德而達到一步綜消化。在西方哲學家中，無論智思與器識，皆當以康德爲巨擘。單就他對「最高善」一概念之講論，其睿見卽足超邁西哲而觸及哲學之眞際。何謂智慧？洞見到「最高善」，則可謂之「智慧」。而人嚮往最高善，並對最高善有熱愛、有渴望，則可謂之「愛智慧」。哲學作爲一門愛智慧的學問看，是離不開最高善的。康德指出，這種意義的哲學，古人認爲是一種「教訓」，卽依概念（最高善的概念）與行爲（因之而能得到最高善的行爲）而說的教訓。對於最高善如何可能的問題，康德是從意志之自律（意志之立法性）講起，先說明何謂「善」，然後再加上「幸福」而講圓滿的善。對於這「圓滿的善」如何可能的問題，康德是依據西方的宗敎（基督敎）傳統來作解答，卽：由肯定一個人格神的上帝而使「德福一致」成爲可能。

康德順西方文化傳統而討論最高善或圓滿的善，是很有意義、很有慧見的。然則，東方文化或中國文化又如何處理這個問題呢？牟先生的《圓善論》一書，即是爲了解答此一問題而寫。而他講述圓教與圓善，是依據儒家的傳統，直接從孟子講起。

孟子的基本義理，正好是康德所謂的「自律道德」，而且在二千三百多年前便已有透闢的發揮。在世界哲學史上，可謂「不同凡響」。但儒家是道德的進路，首先着重「德」一面，對於如何達成「德福一致」的圓滿的善，則未特加措意。不過，孟子雖然沒有積極考慮解答德福如何一致，但孟子提出「天爵」與「人爵」，也正表示他已注意到「德」與「福」這兩方面的問題，這是可以引向「圓善」之考慮的。至於「圓教」的意識，則是在哲學的演進中漸漸發展而成。

儒家由孔子的「仁」開端，其中原本就含有「上下、內外、本末通而爲一」的義理規模。道家的老莊也有同樣的意思。不過，圓教之所以爲圓教的獨特模式，卻是由佛家天台宗之分判「別」、「圓」而首先揭示出來。天台宗是中國人消化佛教之後而開出的宗派，其中自有中國哲學慧命之融入。而且在此之前，魏晉玄學家爲了會通孔老，也已經對儒家聖人的「圓境」有所講說。首先是王弼的「聖人體無」之說，接着又有向秀郭象注莊而發出的「迹本」之論。玄學家的玄言雖是假託道家的理境而顯示，但講到圓境，則仍然必須歸之於儒家聖人。順由這一個線索，即可啓發出依儒家義理而講說儒家的圓教。

據《圓善論》書中的衡量，就儒家的義理說圓教，可以順王陽明的致良知教而發展到王龍溪的「四無」，再由此而回歸到程明道的「一本」與胡五峯的「天理人欲同體異用」，即可顯出儒家的圓教義。由圓教之顯出，即可正式解答圓善之可能（儒家的解答，自不同於康德之解答）。把圓滿的善看做一個問題，雖是西方哲學的古義，而正式對這個問題作解答，則始於康德。康德依據西方宗教傳統而提出的解答，衡之以東方儒釋道的智慧，則其解答並不能算是圓滿而眞實的解決。所以牟先生進而依據圓教的義理，以期獲得一圓滿而眞實的解決。但「圓教」並不是一個很容易了解的觀念。不但西方哲學沒有這個觀念，就是儒道二家也未有明確而正式的講論。這是由天台宗智者大師的「判教」而逼顯出來的觀念。判教是一種大學問，能分判恰當而彰顯圓教之所以爲圓，尤其是一種大智慧。牟先生借助天台智者判教的智慧以爲準，先疏通向郭注莊而確立儒家之圓教。圓教確立，用於圓善，則圓善之問題，乃可得一圓滿而眞實的解決（其詳，請參看《圓善論》第六章）。

依於儒聖智慧的方向，儒家判教，是始乎爲士，而終乎聖神。

(1)士尚志，特立獨行之謂士，《禮記·儒行》篇講的卽是士教。孟子所謂「可欲之謂善（可欲，指理義而言），充實之謂美，充實而有光輝之謂大」。此三句所說，是士而進於賢，可以稱之爲「賢位教」。

(2)「大而化之（大而無相）之謂聖」，此是賢而聖，可以稱之爲「聖位教」。以天地萬物爲一體，乃至《易傳》所謂「與天地合德，與日月合明」云云，皆是聖位教。

(3)「聖而不可知之之謂神」，此是聖而神（神感神應之神），也可以說是「神位教」（四無教）。而孟子所謂「君子所過者化，所存者神，上下與天地同流」，這類語句，也即聖而神的四無義（故王龍溪以「藏密、應圓、體寂、用神」說四無境之心意知物）。

如此，由士而賢，由賢而聖，由聖而神，「士賢聖神」一體而轉。到了聖神位，則圓教成矣。圓教成，則圓善明。而「圓聖」即是體現「圓善」於天下的人，這是人極的極則，也是「實踐智慧學」最後之完成。

以上簡略的敍述，可知作為「智慧學」的儒家哲學，是具有圓融充盈之義蘊的。但儒家又不只是「極高明」、「盡精微」而已，它也「道中庸」、「致廣大」。此意，將於下節略作說明。

四、儒學的時代性與世界性

儒家所講論的，以常理常道為主。「常理常道」是生活的基本原理，它可以適應於任何時代，所以是永恒眞理。不過「理、道」雖然是永恒的，但「表現理、表現道」的方式，則須隨宜調整，因時制宜。一般人常把「理、道」和「表現理道的方式」混為一談，所以引出許多無謂的夾纏。譬如「孝」，作為理、作為道的孝是永恒不變的。但表現孝的方式，則不必一味地仿效古人，而應顧及時代社會的情況，而作隨宜的調整，才能和現代的生活環境協調配合，使孝道能表現新的意義和價值。

其實，不只是常理常道可以隨宜而表現新的意義和價值，就是歷代儒者所建立的思想理論，也同樣可以發現其中所含具的時代性。譬如荀子和朱子系統中的「心」，就是含有認知意義的心，是知性主體；再加上朱子「卽物窮理」的格物論所透露的主智的傾向，對當前儒家所面對的文化問題來說，就特別顯出時代的意義。儒家哲學雖然着重在道德主體一面展開學問的講論，但荀朱二人的思想既已先後透顯知性主體，就可以作爲「從儒家哲學中開出知識之學」的一條現成的思想線索，所以値得我們加以重視。

同時，荀朱以外儒家主流所講的道德心，也必然肯定科學知識的價值。道德主體的功能，永遠在具體的感應中表現，它是隨事感應、物來順應的。面對當前的文化境遇，作爲道德主體的良知，自然而然地會感受到科學知識對文化發展的重要性，因而卽可自覺地作一步自我坎陷，轉而爲知性主體，以開顯主客對列之局，進行認知活動，以成就知識之學。也唯有做到這一步，才能滿足儒家經典中原先就有的「開物成務，利用厚生」的事功性之要求。而《易．繫辭傳》所謂：「備物致用，立成器以爲天下利」。更可證明儒家並不忽視知識器物之利。只要在文化心靈的表現形態上作一番自覺的調整，就可以暢通文化生命以自本自根開出知識性的學問。

再者，儒家「民爲本、民爲貴、重民意、重民生」的傳統，也正可支持我們落實到「法制」的層次，來完成當前民主政體建國的大業。至於儒家哲學所特別重視的「仁道」、「恕道」、

「中道」以及「和平精神」、「大同理想」，更是萬古常新的道理，而且也正切合於當前人類迫切的需求。

至於儒家哲學的現代化，除了應該審愼而恰當地使用西方概念來詮釋儒家的哲學思想之外，更重要的，是必須使儒家哲學在現時代顯發出「活」的意義，以表現眞實的作用和價値。因此，儒家哲學現代化的意旨，應該含有二方面：

1. 如何通過現代的語言，把儒家哲學的思想和智慧，闡述出來，顯發出來，使它能爲現代人所瞭解，而融入生命之中，以表現它「本所含有」的活活潑潑的功能和作用。

2. 如何對儒家哲學作一步批判性的反省，不但要重新認識和發揮它的優點長處，尤其應該彌補它的短缺和不足，以求進一步的充實和發展。這才是儒家哲學現代化更爲積極的意義。

其次，是儒家哲學之「世界性」（普遍性）的問題。

儒家講學向來就是「以人爲本，以生命爲中心」，而生化流行的天道觀，更把整個宇宙視爲一個大生命，因而儒家所闡述的道理，自始至終都是對人類乃至全宇宙而發言。

孔子講「仁」，孟子講「性善」，《中庸》、《易傳》講「天道性命」，以及程明道講「天理」，王陽明講「良知」，都是對全人類乃至整個宇宙萬物而言。同時，儒家所開發的「人性本善的道德動源」和「天人合德的超越企向」，所建立的「孝弟仁愛的倫理思想」和「情理交融的生活規範」，所體證的「生於憂患、死於安樂的人生智慧」和「因革損益、日新又新的歷史原則」，所提揭的「修齊治平、以民爲本的政治哲學」和「內聖外王、天下爲公的文化理想」；凡此等等，也都是具有普遍性的哲學思想。所以，儒家哲學的基本觀念及其具有代表性的思想，絕大部分都可以作爲「人類生活的基本原理」，也可以作爲「人類文化的共同基礎」。

儒家哲學的普遍性或世界性，是無庸置疑的。問題是在必須先有正確相應的理解，才能有充分有效的表述和傳播。如此，才可以和西方文化以及其他哲學系統相互融攝會通，使儒家哲學的眞諦透入別的文化系統之中，以達成世界化的目的。因此，儒家哲學是否有前途，其決定性的因素可以歸爲二點：

第一、儒家哲學本身的義理綱維，能不能重新顯發出來？能不能重新挺立起來？這是第一個決定性的因素。

第二、中華民族能不能像當初消化佛教那樣，來消化西方的哲學和宗教？這是第二個決定性的因素。

五、中國哲學的開展

中國哲學的傳統，同時兼顧「終極關懷」與「現實關懷」。儒道二家與佛教，對於「終極關懷」一面都有深廣的講論，也顯發了極高的智慧，其永恒的意義和價值，都應該永續永繼、發揚光大。在「現實關懷」一面，佛老是落在人生問題上，而與終極關懷融貫而為一，因而對現實層面的諸多問題，並沒有積極的講論。儒家則不同，儒聖之學「以內聖為本質，以外王表功能」，故能兼具「終極關懷」與「現實關懷」而有積極的講論與自覺的擔當。因此，在今天來講中國哲學的開展，自當以儒家哲學為中心。多年以來，對於中國文化的前途、中國哲學的前途、儒家哲學的前途，我們都表示了一貫的看法和主張。總結起來，不過下列三大端。

㈠豁醒內聖心性之學，重開「生命的學問」

儒家的心性之學，是內聖成德之教，它的重點是要開顯「生活的原理」，決定「生命的途徑」。總括而言，生活的原理就是「仁」，而生命的途徑即是「依於仁」而開出來的道德實踐的軌道。由此而立己、成己，立人、成物，人的生命乃能向上升進，向外開擴，以創造充實飽滿的人生，建立安和均平的社會。

由於心性之學着重於講論常理、護持常道，所以它所開出的生活原理和生命途徑不只是適用於中國，也可普遍地適用於人類。近二千年來中國文化的發展，是「儒、釋、道」三教相互摩盪的過程。今後，必將是「儒、佛、耶」三教的相互摩盪以求融通。這是歷史運會迫至的文化情勢，也是當前儒家面對的時代課題。

文化宗教的融攝會通，也即文化心靈漸次甦醒、漸次條暢的過程。必須先有醒覺的文化心靈和條暢的文化生命，而後乃能決定文化的方向，開顯文化的理想，以恢復文化的創造力。在西方，文化創造的靈感來自宗教，在中國則來自儒家。儒家的成德之教，不但能建立「日常生活的軌道」（如人倫生活的規矩、婚喪喜慶的儀節，以及祭祀之禮等等），而且能夠開出「精神生活的途徑」（如主觀面的人格之創造，客觀面的歷史文化之創造）。因此，承續而且光大內聖成德之教，以重開生命的學問，乃是發展中國文化的首要大事，也是儒家哲學發展的基本方向。

㈡開擴外王事功之學，建立政道與學統

傳統儒家的外王之學，主要是通向政治，集中於仁政王道、禮樂教化。至於知識技術一面，則未加正視，因而沒有開出知識之學的傳統（學統）。

在政治方面，傳統的「聖君賢相」的形態，只成就了「治道」，而未能開出客觀法制化的「政道」。因此，「朝代更替，治亂相循」，「君位繼承，宮廷鬬爭」，「宰相地位，受制於君」，此三者形成中國傳統政治的三大困局。依於當代儒家學者的反省，認爲民主憲政的政治形態，正可消解這三大困局。而民主政體的建國，是每一個民族在政治上自盡其性的一步奮鬬。中國在二千年的君主專制解體之後，正須完成近代意義的民主政體建國之大業，以樹立國家民族足以眞正獨立自主的鋼骨，而後全體中國人的自由人權乃能獲得堅實的保障。

民主政治的推行——一須具備形式的架構，二須進行具體的實踐。形式的架構，即是憲法所代表的體制，這是第一義的制度，也是政道之所繫。而具體的實踐，則須遵循憲法的體制軌道，依照政治建設的本性，來分別推行各個層面的政治措施。一切按部就班，分工而合作，步步踏實，實事求是，奉公守法，敬業樂羣，這就是理性主義的事功精神。今後中國所需要的，正是這種有助於民主建國的事功精神，而不是古代打天下的英雄主義的事功。

在知識方面，古代也自有適用於古代社會的知識和技術，只是沒有開出知識之學的「學統」。依於我們的省察，認為其故有二：一是內因：儒家採取道德的進路，講的是身心之學，重視立身成德，修己治人，而並不以知識問題作為講學的重點。二是外緣：中國以農立國，農業社會是和諧安定、自給自足的社會，對於知識技術沒有迫切的需求，而一般性的器械之用，以中國人的聰明也很容易解決。因此，當儒家思想通向社會時，其着重之點是人倫教化，這是落實於「生活」，而不是落實於「知識」。

但時至今日，情況已非昔比。在西方強勢的科技文明衝擊之下，中國人不能不作深切的反省。儒家學者認為中國除了必須向西方學習科技，更重要的是自覺地調整「民族文化心靈的表現形態」，使民族文化心靈中的「知性主體」，從德性主體的籠罩之下透顯出來獨立起用，以成就知識。就此而言，中國的知識份子，(1)必須自覺地培養「純知識」的興趣，(2)必須確立「重視學理而不計較實用」的求知態度，(3)必須學習「主客對列」的思考方式。如此，乃能充分透顯科學的心智，開出知識之學，以建立純知識的學理。有了學理作根據，而後乃能提供「開物成務」的具體知識和實用技術，以滿足「利用、厚生」的要求。

(三)中西之融攝與會通，創造文化新機運

哲學思想與文化學術，其活動的向度，既有縱貫的演變發展，也有橫面的融攝會通。中國傳統哲學的義理和智慧，不但有異於西方之處，也有優於西方之處。所以就哲學的器識而言，我們沒有妄自菲薄的理由，也沒有妄自菲薄的權利（歷史法庭必不容許我們糟蹋古聖先哲的哲學智慧）。但在哲學思辯方面，我們的確不如西方，而必須虛心學習，消化融攝。

但哲學思想的會通，乃是文化心靈與文化生命之事。生吞活剝、雜拌湊合、移花接木，皆將徒勞而無功，有損而無害。上文第一端，已經提及「儒、佛、耶」三教的相互摩盪與融通。這是屬於「終極關懷」，是道德宗教層面的事。關於宗教的會通問題，筆者曾寫過幾篇文章加以討論（已分別編入學生書局版《新儒家的精神方向》，以及文津出版社《儒家思想的現代意義》二部書中）。上文第二端，則已就「學統」之意提及知識技術之發展。唯「學統」不限於科學層面。在西方，科學是由哲學派生出來，所以西方的哲學，尤爲學統之所繫。

西方哲學的大流，大體而言，可以就其學術之基本性格而分爲三大支。柏拉圖代表一支，萊布尼茲加上羅素代表一支，康德代表一支。柏拉圖一支以及萊氏形上學一面，已消化於康德。康德是西方哲學的高峯。我們既要以中國傳統哲學的義理和智慧，來融攝康德，提升康德；也要藉資康德哲學來充實中國文化生命，以透顯知性主體，以開出知識之學的學統。雙方相資相益，互取互補，庶可開啓世界哲學之新機。所以牟先生以爲，康德是「通中西文化之郵」的最佳橋樑（所謂最佳橋樑，即表示不必是唯一橋樑。西哲各大家的思想，都有可資借鏡，可資融攝之處，但看如何用心，如何採擇）。能消融康德，卽無異於接通了西方哲學的主幹大流。另外，萊布尼茲以及羅素所代表的邏輯分析一套，則有待於中國人直接加以吸收與消化。

總之，中國哲學的開展，基本之事，是要挺顯本身的義理骨幹，而儒家的哲學思想，尤爲民族文化生命中的常數——定常的骨幹，這是不可斷絕的。守護得住這個定常的骨幹，才可以說中國哲學的存在。如果以儒家爲主流的這個骨幹倒塌了，或者被吞沒了，則中國哲學便失去了「現在」。沒有現在，也就沒有未來。中國哲學未來的前途，就看以儒家爲主流的這個「定常的骨幹」，是否有進一步的充實。

守得住，才能行得去、走得通。因此，第二步就看中華民族能否像當初消化佛敎一樣，以消化西方哲學。但也須知，文化與哲學思想的融攝消化，乃是一個持續性的文化思想運動（當初對佛敎的吸收消化前後延續五六百年，卽使從鳩摩羅什入長安算到慧能禪之盛行，也整整三百年）。在持續性的思想運動中，當然不能靠一二人、少數人，而必須學術界、思想界的人士，異地同心，分工合作，共同貫輸精誠與心力，以滙合成一股堅實恢弘的精神力量，才能爲民族文化開出新路，爲中國哲學開啓新機。

為《中國文化》月刊一百期而作（七十七年二月）

貳　從先秦儒到宋明儒

從先秦到宋明，中間相隔一千多年，這兩個階段的儒學，其承續發展的關係畢竟如何？自是一個值得討論的問題。

據我的了解，從先秦儒到宋明儒，「只有義理的發展，並無本質的差異」。在發展過程中，當然會受到前代學術思想的影響（如道家和佛教）。但所謂「影響」的意指是什麼呢？我認爲那只是過程中的刺激和摩盪。譬如說宋儒「出入佛老」，便正是理學家們一番摩盪的經歷。但一般人提到這句話時，卻忽略了下半句：「返求六經而後得之」。這表示，他們在出入佛老數十年的反覆探尋中，並無實得；最後還是「返求六經」方始「得之」。可見六經的義理智慧，才是宋明儒學的根源。而平常所謂「陽儒陰釋」一類的話，實際上只是一種顢頇之言，沒有眞實的意義。說這類話的人，根本沒有正視生命的眞誠，也不了解學問的艱苦，只是人云亦云，騰爲口談之資而已。

北宋儒學的興起，基本上是文化意識的覺醒，他們不能贊成佛老的人生方向，也不忍心使中華民族第一流的心智爲佛教所籠絡。他們要使民族文化生命返本歸位，要復活先秦儒家的形上智慧。他們要求上達天德，亦要求下開人文，以成就家國天下全面性的文化價值。他們以民間講學的方式，繇繇穆穆，相續不已地奮鬪了幾百年，而重新光復了中華民族的文化大統。這其間的動心忍性、精誠貫注，是我們不能不體認、不能不記取的。如果我們對歷史文化、對聖賢學問，沒有眞誠和敬意，那就是對自己生命之鄙視。這是仁心所不安的。陸象山強調孟子的話，教學者「先立其大」，就是要我們透顯道德心靈，透顯人之所以爲人的本質，以一個眞人（君子）的身分站出來。因爲沒有眞實的人，就沒有眞實的學問。而孔子諄諄告誡子夏要做「君子儒」，毋爲「小人儒」，也永遠是很有警策性的教言，不容泛泛視之。

甲、先秦儒與宋明儒之傳承關係

從先秦到宋明，這兩個階段的儒學，其承續發展的關係，可以從三方面加以考察：

1.從文獻上考察

孔子以《詩》、《書》、《禮》、《樂》教弟子，又贊《易》、作《春秋》，所以後世把六經（樂經無書，故亦稱五經）歸爲儒家的經典。可是先秦儒家並不採取講經的態度，而是吸取經典裏面的智慧，融入到自己的生命之中，以開出生命的方向，而挺立內聖成德之教。所以先秦儒家的學問，是以心性之學爲中心的成德之學，在今天，我們也稱之爲「生命的學問」。先秦儒家留下來的教言，編纂成爲《論語》、《孟子》、〈中庸〉、《易傳》、〈大學〉等書。而宋明儒者主要就是順承這五部書的智慧方向，而開創出另一個階段的儒家之學。

北宋的儒學，上承先秦儒家的本旨原義，以開展他們的義理思想，其步步開展的理路，是由〈中庸〉、《易傳》之講天道誠體，而回歸到《論語》、《孟子》之講仁與心性，最後才落於〈大學〉講格物致知。因此，如果我們把《詩》、《書》、《禮》、《易》、《春秋》這五部經典，稱之爲先秦儒家的五經，那末，《論語》、《孟子》、〈中庸〉、《易傳》、〈大學〉這五部文獻，就是宋明儒家的新五經。

宋明儒講論這五部新經典，當然有新的詮釋，有新的引申，但他們是順承先秦儒家本有的義理而作推衍發揮。既沒有脫離先秦儒家的義理綱領，也沒有違失內聖成德之教的精神方向。他們新的詮釋，新的引申，只是把先秦儒家的義理推進到更通透更顯豁的境地，此之謂「調適而上遂」。他們這樣做，不但是應該的，而且也是必要的一步發展。

宋明儒者都是自覺地在講聖人之學，他們並不覺得自己講的有什麼新義，而認爲自己之所講論本來就是聖人的義理。他們的用心，只是要重新光復聖人的大道，來延續中華民族的文化大統。後世的人看到他們着重於講「道」，便稱之爲「道學」。又因爲他們提出「天理」這個觀念，講「性卽理」、「心卽理」，所以又稱之爲「理學」。而西方學者認爲宋明階段是儒家一步新的發展，故又稱之爲新孔子學派或新儒家。近二三十年來，國人也採取了「新儒家」這個詞語。最近幾年，大家又感覺到新儒家這個稱呼，到底是指宋明儒呢，還是指當代的儒家學者呢？於是又有人提出「當代新儒家」的說法。其實，儒家就是儒家，從它的義理精神上看，儒家本來就講求「因革損益」、「與時俱進」，所以時代雖有古今的不同，而義理則並無新舊之差異。

不過，既然有新的詮釋，有新的引申，雖說本質不變，而觀念詞語總會有些是新的，卽使還是沿用舊的觀念詞語，也總會有新的意義注入其中。下面，我們就再從觀念上來作一個簡要的考察。

2. 從觀念上考察

儒家的中心觀念，就〈中庸〉、《易傳》而言是天道性命，就《論語》、《孟子》而言是仁與心性。

宋明儒家從周濂溪開始，是以〈中庸〉、《易傳》爲根據，來體會「道」的觀念，到張橫渠則正式明白地表示出「天道性命相貫通」這一個義理的骨幹，程明道出來，〈中庸〉、《易傳》所講的天道性命和《論語》、《孟子》所講的仁與心性，才達到圓融貫通而爲一。

周濂溪是宋明儒者之中，復活先秦儒家形上智慧的第一人。他在《通書》第一章，很明顯地以《中庸》的「誠」來詮釋《易傳》的「乾元、乾道」。他認爲誠體的流行，就是乾道的變化，而乾道的元亨利貞所表示的天道生化之過程，也正是誠體流行的終始過程。他從《中庸》、《易傳》悟入，劈頭就把握到了儒家最根源的玄思。譬如在《易・繫辭傳》裏，有幾句話最能表示先秦儒家的形上智慧，是卽所謂：「易無思也，無爲也，寂然不動，感而遂通天下之故。非天下之至神，其孰能與於此！」意思是說，易道無思無爲，它同時是寂，亦同時是感。它由寂而感，而通貫到天下之事事物物。這裏所顯現的就是天道（易道、乾道）神妙不可測的生化功能。周濂溪便是通過「寂然不動、感而遂通」這句話來把握天道誠體，他在《通書》第四章說「寂然不動者，誠也；感而遂通者，神也」。寂，是就天道誠體的「體」而說；感，是就天道誠體的「用」而說。這個作爲寂感眞幾而能起現創生之用的誠體之神，亦同時卽是「太極之理」（太極卽是理）。他的《太極圖說》就是根據《通書》講誠體寂感的義旨而推衍出來。圖說先由太極陰陽五行之生化萬物，敍述一個「由宇宙到人生」的創化過程，以彰顯「由天道以立人極」之義，最後又說明聖人立人極，與天地合德，以透顯「立人極以合人極」之義。全文二百六十多個字，可謂簡潔精微，體大思精。他對於「道體」的體會，爲宋明儒學開啓了一個最佳的善端。所以元儒吳草廬說他「默契道妙」。

張橫渠接下來，就道體而說性體，把「天道性命相貫通」的基本觀念，清楚而明確地表示出來。他在《正蒙・誠明》篇說：「天所性者通極於道，氣之昏明不足以蔽之；天所命者通極於性，遇之吉凶不足以戕之。」前句指出性通於道，通於道而說的性，是以「理」而言的性，是粹然至善的性，所以氣禀上的昏濁或淸明，並不足以蔽塞它。後句指出命通於性，通於性而說的命，也是以「理」言的命，是可以內在化而作爲人之大分的性之所命（性命），也同時是天之所命（天命），所以命遇命運上的吉凶，皆不足以戕害它。張子這幾句話，是順承〈中庸〉「天命之謂性」和《易傳》「繼善成性」，以及孟子「盡心知性知天」，而綜結地說出來。他在《正蒙》書中，對道體、性體、心體，都有恰當的體會。他以「兼體不累」來說明「道」妙運氣化的生生不息，以建立「本天道爲用」的神體氣化不卽不離的本體宇宙論。他分別「天地之性」與「氣質之性」，把中國哲學史上的人性論作了一個歸結，分判爲形上之性與形下之性。而「德性之知」與「見聞之知」的分別，也把「心」的知用作了一個淸楚的分別。至於他的〈西銘〉，發揮儒家「以乾坤爲大父母」的「民胞物與」之懷，則是順承孟子「親親、仁民、愛物」之義，以透顯「一體之仁」。而從敬天事天以歸於愼獨誠身，踐形盡性，更把先秦儒家成己成物的道德實踐之取向，作了一個具體而眞切的陳述。

比周子張子晚一輩，而年代則緊緊連接的程明道，更是一位完成儒家圓敎義理模型的人物。首先，他是秦漢以來，第一個能把孔子所說的「仁」體會得最眞切相應，而又講得最生動活潑的人。譬如他說「切脈最可體仁」，又說「觀雞雛可以觀仁」。仁是生生之理、生生之德。而脈搏的跳動卽是生機的顯現，故由切脈可以體證生命中的仁。而人在見到毛茸茸的小雞雛時，也立卽會感到牠的可愛，而且會有一種唯恐牠受到傷害的不忍之情，這也正是仁心的自然流露。明道從生活中的小事例來指點仁，實最親切有味。可知他不是學究式的講字義文句，而是回到生命心靈的感通上來作親切的指點。當初孔子從「不安」指點仁，孟子從「不忍」指點仁，〈中庸〉以「誠」指點仁，《易傳》以「生生」指點仁。凡此等等，明道都能以他的眞實生命來體證，以他的眞實心靈來契會。依於他的體會：⑴仁是「體」，故曰「學者識得仁體，實有諸己，只要義理栽培」。義理栽培，也卽「以誠敬存之」之意。⑵仁是「理」，故曰「識得此理，以誠敬存之而已」。⑶仁是「道」，故曰：「此道與物無對」，並引述孟子「萬物皆備於我，反身而誠」之言，以印證「仁者渾然與物同體」的道理。⑷仁是「心」，故〈識仁〉篇有「良知良能元不喪失」的話，這明顯地是以心說仁。心是能顯發明覺之用的活靈之體，因此他又以「不痲木」指點「仁」。仁則不痲木，痲木則不仁。而心不痲木，也仍然是不安、不忍之意。明道弟子謝上蔡「以覺訓仁」，正是承明道不痲木之指點，從不安不忍悱惻之覺以說仁。而另一弟子楊龜山以「物我一體」言仁，則承明道「仁者渾然與物同體」之義而來，而此與孟子「萬物皆備於我」之義，也正一脈相承。

另外，明道又以先秦儒家所講的「天道、天命、乾元、太極、誠體、神體、仁體、性體、心體」以及「寂感眞幾，於穆不已之體」爲背景，而加以融攝，乃體貼出「天理」二字，此無異於爲宋明儒學「畫龍點睛」，而「天理」也終於成爲宋明儒學最有代表性的中心觀念。無論程伊川和朱子講「性即理」，或者陸象山和王陽明講「心即理」，都與「天理」觀念有着緊密的義理連結。而宋明儒以「心、性、理」爲中心而展開的講論，又仍然是順承孟子「心、性、天」（盡心知性知天）的義理規模而作推闡。至於伊川朱子順〈大學〉而格物窮理，陸王承孟子而講明本心、致良知，更是人所共知，無庸贅證。

由以上簡要的敍述，我們已可看出宋明儒的中心觀念，都是順承先秦儒家而來。他們所作的推進，也是先秦儒家本有或應有之義。他們承續先秦儒家的慧命，而發展爲更加詳密，更爲圓融的義理規模，此之謂返本而開新，乃是上承先秦儒家一步新的開展。

3. 從實踐工夫上考察

就儒家說實踐工夫，基本上就是要使天所賦予我們的心性本體、良知本體，在自己的生命中呈現起作用，以完成德性人格，並進而完成社會的、政治的、文化的價值創造。

從先秦到宋明，儒門人物實踐工夫的要點，都可以用簡要的詞語加以歸結。譬如孔子的「踐仁以知天」，孟子的「擴充四端、盡心知性知天」，〈中庸〉的「愼獨、致中和」，《易傳》的「窮神知化、繼善成性」，〈大學〉的「誠意、明明德」，以及宋明儒周濂溪的「主靜、立人極」，張橫渠的「變化氣質、盡心以成性」，程明道的「識仁、定性」，程伊川的「居敬窮理」，朱子的「靜養動察、敬貫動靜」，陸象山的「辨義利，先立其大」，王陽明的「致良知」，凡此等等，全部是指點工夫的進路，也就是指點爲學入道之方。

指點工夫的目的，是要體證本體，使本體通過工夫而呈現出來，在我們的生活行爲中起作用。本體呈現，生命有主，我們就能自覺自律，自發命令，自定方向，以好善惡惡，爲善去惡，來完成道德的實踐，純亦不已地表現道德的行爲。總括而言，一方面是主觀面的縱的實踐，要求上達天德，與天道天命通而爲一；這是希望成就生命之「質」的純一高明。一方面是客觀面的縱的實踐，要求通向人間，通向萬物，與天下民物通而爲一，以聯屬家國天下而爲一體，與天地萬物爲一體；這是希望成就生命之「量」的廣大博厚。高明以配天，博厚以配地，天地人三才並建，而人的莊嚴高貴與充實飽滿的生命，乃能得到眞實的完成。

由此可見，宋明儒所講的工夫，徹裏徹外，徹始徹終，都是本乎道德意識、文化意識而開出來的人生實踐之道路。其精神方向是和先秦儒家一脈相承，前後一貫的。

唯一必須特爲一說的，是關於「靜坐」的問題。

佛教和道家有靜坐，有些理學家也靜坐。靜坐是一種工夫方式，人人都可以採用。你閉關坐你的禪，他閉目打他的坐，我也可以靜坐做我的體證工夫。各人坐各人的，宗旨不同，目的不同，爲什麼一見靜坐，就指認爲來自佛老呢？這是沒有道理的。更何況——

(1)在儒家的經典裏面，像《易經・復卦》就提到「先王以至日閉關」，〈大學〉也講「知止而後能定，定而能靜，靜而後能安，安而後能慮，慮而後能得」。〈中庸〉又講「愼獨」，也是

「靜復以見體」的工夫。二程弟子楊龜山門下，教人「靜坐以觀喜怒哀樂未發以前的大本氣象」，正是要在靜中體證「天命之性、大本之中」這一個本體。而此處所說的本體，乃是儒家義的道德實體、天理本體，和佛老有什麼相干？更何況宋明儒家也並不以靜坐作爲本質性的工夫。

⑵靜坐的方式，在儒家來說，乃是一種「超越的逆覺體證」。逆、反也，如「反身而誠」之反。逆覺，也卽反觀省悟、反省自覺之意。超越現實生活，和現實生活隔離一下，使心思凝聚專一以便體證天理本體。但這種靜坐隔離的方式，實在只是一種助緣的工夫，並不是究竟的本質工夫。楊龜山的再傳弟子（也卽朱子之師）李延平就很淸楚這個道理。他靜坐以觀未發之中，是爲了「體認天理」，但體認天理之後，還要「冰解凍釋」，才能「天理流行」。因爲在靜坐隔離中體認到的天理本體，是停在抽象狀態中的本體，還沒有融貫到現實生活中以具體起用。就像一塊冰凍，必須融解之後，才能滋養生命、潤澤草木。所謂「冰解凍釋」，就是要使在靜坐時體認而得的天理，融貫到現實生活中來具體發用，才能使天理本體流行到生活行爲中而具體地表現出來。可見關鍵是在天理本體的呈現起用，而靜坐不靜坐，則由各人自行決定。與李延平同時的胡五峯，他就不採取靜坐的方式。他是「卽事以明道」，從現實生活中良心發現處，當下體證良知天理本體，而存養之，擴充之，使它隨時隨事而表現出來，這就是所謂當下卽是。「當下卽是」這句話是來自禪宗，但禪宗說過的話，我們也一樣可以用。問題只在你所謂的「當下卽是」，所「卽」的是什麼「是」，這才是緊要的關口。其實，儒家也向來就講「當下卽是」。譬如孔子說：

「我欲仁，斯仁至矣」，豈不是當下即是？孟子說：「思即得之，求即得之」，又說：「反身而誠，樂莫大焉」，豈不是當下即是？你即你的是，我即我的是，有何不可！既然當下即是，就不必與現實生活隔離，無須採取靜坐的方式。像程明道的「識仁」，謝上蔡的「常惺惺」，陸象山的「明本心」，王陽明的「致良知」，都不需要與現實生活相隔離，而是內在於生活而隨時反省自覺，使良知天理當下呈現，這就叫做「內在的逆覺體證」。這才是儒家道德實踐的本質工夫。（因此，靜坐方式的「超越的逆覺體證」，也仍然要有一步「冰解凍釋」，以回歸生活。）

由此可見，從工夫實踐上看，先秦儒和宋明儒的傳承關係，同樣也是明顯而確定的。

4. 對流俗之見的九點反問

說到這裏，我們可以回頭衡量一下開頭提到過的兩句話，平常敍述宋明儒者爲學的過程，常會說他們「出入佛老」，因而又引出另外一句，說他們是「陽儒陰釋」，表面是儒家，骨子裏是佛教，表裏並不一致。針對這一類流俗的說法，我倒想提出九點反問：

(1)如果宋明儒者眞的是「陽儒陰釋」，那末他們就都成了僞君子。僞君子的學問竟然能夠一代一代相繼而起，緜緜不絕，延續六百年之久嗎？天下「豈有此理」乎？

(2)我想請問那些喜歡說這種話的人，你能不能指出宋明儒學裏面，有那一個綱領性的義理觀念，或者那一個本質性的實踐工夫，是來自佛老的呢？

⑶宋明儒所講的是天道生化、生生之道，佛家有這樣的道嗎？道家有這樣的道嗎？

⑷宋明儒的內在道德性的「性理」，和佛敎講的緣起性空的空理，以及道家講的玄理，到底是同呢？還是不同？

⑸宋明儒所講的實體性的道德的本心，以及「心卽理」、「良知卽天理」這些綱領性的義理，佛敎有沒有？道家有沒有？

⑹宋明儒所表現的道德意識、文化意識，是順承先秦儒家呢？還是來自佛老？佛敎有苦業意識，道家有逍遙解脫意識，然而他們有道德意識、文化意識嗎？

⑺宋明儒有家國天下的情懷，有時代的使命感，有「開萬世太平」的心胸器識。佛老有這種情懷，有這種使命感，有這種「仁以爲己任」的文化擔當嗎？

⑻宋明儒秉承儒家的大傳統，關心風俗敎化，倡導忠孝節義，維護人倫綱常，培養人才以延續民族文化生命，佛老又如何呢？事實上，佛老關心的重點根本不在這些地方。

⑼宋明儒平看生死問題，爲了成仁可以殺身，爲了取義可以捨生，他們致力於表現人生的意義，完成生命的價值，而並不逃避人間的責任以求解脫，也不把人間視爲苦海而要求出離。他們不慕修仙成佛，而要求做聖賢豪傑，把生命投入歷史文化之大流，以達成「立德、立功、立言」三不朽。然則，他們骨子裏那來的佛老的成份呢？

好了，一是數之始，十是數之全。我們只舉出九點，問題便已清清楚楚了。不過，我還是要重新提醒一下：北宋儒者「出入佛老數十年」，只是他們為學過程中的反覆探尋與比對，經過長時期的相摩相盪，終於豁然醒悟。最後還是「返求六經而後得之」。由於接通了先秦儒家的慧命，這才開啓了六百年的學術。

乙、宋明儒在傳承上的不足和缺憾

宋明儒對於心性義理之學，內聖成德之教的承續發展，有功而無過。他們的不足在外王方面。下文將從三方面加以討論：

1. 宋明儒學何以「內聖強而外王弱」？

外王的涵義有三層，政治是第一義，事功是第二義，知識是第三義。中國傳統政治有治道而無政道，事功精神也未客觀透顯，而知識之學更未正式開出。就宋明儒而言，牟先生曾有「內聖強而外王弱」的判語。而一般學者也常會提到一個意思，就是覺得原始儒家（先秦儒）的精神氣象比較寬弘廣大，而宋明儒則比較向裏收斂，只能「盡精微」而不能「致廣大」，譬如孔子孟子荀子，除了講道德，也講禮樂教化，講政治經濟，而且還挺身而出，表現了淑世救世的熱忱，所以內聖外王兩面都有表現，而宋明儒者似乎不足以和他們相比。這種話雖然可以講，但也必須再加說明。

⑴宋明儒學興起的機緣，主要是對治佛教（道家還在其次）。佛教掌握中國思想的領導權長達五六百年之久，你要取回思想的領導權，使民族文化生命返本歸位，就必須講出一套足以和佛老相抗的形上學系統，甚至還要表現出超越佛老的形上智慧，所以宋明儒不能不把精神集中在內聖心性之學上。他們把先秦儒家本所涵蘊的心性義理，發展到充其極的境界，而開出了一套充實圓盈的道德形上學。這套學問不但對中國哲學中國文化有其卓越的貢獻，對世界哲學人類文化而言，也有不朽的價值。這是宋明儒者的遺澤，值得我們珍惜保愛。

⑵宋明儒也講禮樂教化，也關心國家政治。但禮樂方面的基本原則，先秦的經典已講得很完備；倫常教化的規範軌道，也有幾千年的傳統，早已定型了。而政治事功，在治道（治權運用的軌道）方面的典章制度和運行的方式，也已有了成規成矩；而在「聖君賢相」的政治模式之下，那些基本的道理也都充分講出來了。在這些方面，宋明儒者幾乎沒有發揮的餘地。因爲中國傳統政治問題的癥結，是在「政道」方面，這是另一個層面。而這個層面的問題，不只是宋明儒未能解決，而且是中國數千年的學者思想家所未能解決的一個大問題（說見下文）。

⑶宋明儒大部份都曾從政，而且也能表現政治方面的才能。就以陸王爲例，一般總說陸王之學空疏，其實，陸象山在一年三個月荆門太守任上的政績，就使朝野交口讚譽；而王陽明平諸寇、平宸濠之亂、平思田之亂，更表現了卓越的事功精神。而且，陸象山死於任所，王陽明死於

道路，他們爲國爲民，鞠躬盡瘁，我們憑什麼而說陸王之學空疏呢？（二十年前，我曾寫過一篇〈爲宋明理學辯誣〉的文章，見拙著《新儒家的精神方向》（學生書局）頁一五一至一六六，請參看。）

據此三點說明，可知宋明儒對「外王」一面欠缺積極的講論，雖然是客觀的事實，但卻不是由於他們忽視外王事功，其眞正的關鍵，還是「政道」如何開出的問題。

2. 關於弘揚政治理想和開出政道

先秦儒家講「大道之行，天下爲公」，講「堯舜禪讓，賢者爲君」。在西漢時期，也仍能運用「五德終始」的觀念，提出使有德者居君位的主張。董仲舒的弟子還曾上書勸皇帝退位，自居百里，以讓賢者。可見西漢還是一個有理想的時代，所欠缺的只是沒有完成二步立法：一是限制君權的立法，二是確定人民權利義務的立法。到了東漢，君主專制的政治形態已經定型，從此以後，皇權成爲「不可觸」的東西，在議論政治的時候，再也沒有人敢去碰觸這個地方。久而久之，「天下爲公」的理想便從知識分子的意識裏隱沒了。即使宋明儒也在所不免。只有陸象山兄弟因爲講《孟子》，所以對於「聞誅一夫紂矣，未聞弒君也」這一類的話，還有眞切的感受，但也一樣想不出辦法來安排皇帝的權力。所以「朝代更替」、「君位繼承」、「宰相地位」，形成中國傳統政治的三大困局。其中的癥結，是在於對皇帝所代表的政權，想不出一個客觀法制化的軌道來安排它。此即牟先生所謂「有治道而無政道」。即使明朝亡國之後，顧、黃、王三大儒那樣痛心的反省，也仍然是拘限在「治道」範圍裏用心思，而接觸不到「政道」的問題。可見這裏存在着一個思想上的大轉關，是人類政治上的一個大關節。這個問題，在西方也是在民主憲政建立之後，才算得到解決。站在儒家的立場，民主政體實在是求之而不可得的一個政治形態。在民主體制之下，中國傳統政治的三大困局，都可以獲得法制化的解決。

在此，我們也可以更清楚地看出，宋明儒之弱於外王，其實是由於「君主政治形態」本身的限制，是中國歷史文化裏面一個客觀的問題。此一問題的解決，是全民族的共同責任，不應單單責怪宋明儒。

3. 關於知識之學的問題

儒家之學，向來都是着重在德性主體上來講論。就內聖成德的立場看，這是相應而中肯的。但從文化的立場看，中華民族的文化心靈沒有開出知識之學的傳統，畢竟是一個缺憾。知識之學不能由德性主體直接開出，而必須由知性主體開。然則，在儒家思想裏面有沒有知性主體的端緒呢？事實上是有的，那就是荀子的心論。荀子講心和孟子不同，孟子講的是道德心，是德性主體；而荀子講的是認知心，是知性主體。雖然荀子的學問仍然不是以成就知識爲目的，但他透顯的確實是名數的心靈，是主智主義的傾向，他已開顯了一個理解的形態，這在文化上實有重大的意義。但由於宋明儒學的主題是「成德」，而不是成知識，所以無人注意荀子所透顯的知性主體。而且因爲荀子講性惡，大家都對他起反感。因此，朱子所講的心雖與荀子相類同，但朱子自己卻絲毫未有覺察，而且朱子之學也仍然以成德爲宗旨，而並不以成就知識爲目標。以此之故，先秦與宋明雖然各有一位大師所講的心是認知心，卻並沒有促使儒家學術開出知識之學。何以如此？我認爲這是一個「民族文化心靈表現形態」的問題。

以往，我們民族文化的大統，是以道德敎化的形式來表現，在政治方面沒有轉出國家的形式以表現政體組織的形態（也卽民主憲政的形態），在知識方面也沒有使知性主體從德性主體的籠罩之下充分透顯出來獨立起用，以表現理解的形態（也卽科學知識的形態）。所以，今天反省儒家的學術，除了內聖成德之敎必須承續光大，在外王方面則不能採取老的講法，而必須有新的開拓，此卽所謂「新外王」。新外王的內容有二行：一行是國家政治法律，這是民主建國的問題。一行是邏輯數學科學，這是知識科學的問題。這方面的意思，我們已講得不少，玆從略。

七十六年五月十三日講於臺灣大學哲學學會

叁 儒法異同平議

——以禮與法爲中心

在先秦諸子中，儒家與法家的關係特顯密切。影響商鞅的李克吳起，固然是孔門再傳；而韓非李斯的老師荀子，更是戰國晚期的大儒。但民國以來，一般人總喜歡以儒家之「禮治、德治、人治」與法家之「法治」作直接之對比，意似儒家之禮治德治既不足以濟世，而所謂人治尤其與法治精神相反。彷彿儒家思想已成過時之老套，早已不合時代需要了。這樣的觀感，是否合乎歷史之眞與學術之公？應該再予平心之考量和斟酌。

本文擬以「禮」與「法」爲中心，對儒家與法家作一平議。文分四節，述之如下。

一、儒家以禮為綱、以法為用

治國濟世，不能沒有法度。而自孔子以來，事實上也從來沒有鄙棄法度的儒者。一般人或以

《論語》所載孔子之言，來坐實儒家反對法治。其實，不過是讀書見理不明、解悟有差的誤判。

> 子曰：「道之以政，齊之以刑，民免而無恥；道之以德，齊之以禮，有恥且格。」（《論語．爲政》）

以政令引導人民，以刑罰齊一人民，使人民的思慮言行合乎朝廷官府的要求；這種自上而下的強壓式的力量即使有效，也是一時的、表面的。人民內心怎麼想呢？會如何因應呢？到最後會是什麼結果呢？在嚴厲的刑政之下，人民第一個考慮，很自然地將是如何免於刑罰；只要能免於刑罰，什麼方法手段都會使出來。至於羞愧恥辱之心，便無暇顧及，也難以保存了。一個社會如果欠缺道德敎化，單靠刑政的功能，是不能化惡爲善的。試看當前社會許多品行不修、違法亂紀的人，竟已普遍地不以受刑爲恥，不以坐牢爲辱。他們費盡心思爬剔法律的漏洞，以求苟免。一旦罪刑確定，便又誣指法爲惡法，或斥責審判不公，竟絲毫不見他有悔悟愧恥之意。然則，孔子「民免而無恥」的話，眞可說是非常警策、無限剴切了。

孔子之意，旨在對顯德禮與政刑的本末終始，並沒有拒斥政刑的意思。所以朱子說：「政者、爲治之具，刑者、輔治之法；德禮，則所以出治之本，而德又禮之本也。此其相爲終始雖不可偏廢，然政刑能使民遠罪而已，德禮則有以使民日遷善而不自知。故治民者不可徒恃其末，又當探其本也。」❶要維持社會治安和生活秩序，法刑的制裁自不可少，但「立法、修法、用法」

---

❶ 朱熹《論語集註》卷一，頁七。

的乃是在位之人。所以儒家有賢者爲政的主張，以期「賢者在位，能者在職」❷。但儒家「尊賢使能」的人治，從來就沒有排斥法治的意思。孟子就主張上必須有「道揆」，下必須有「法守」，朝必須「信道」，工必須「信度」❸。而且還說：

> 徒善不足以為政，徒法不能以自行。（〈離婁〉上）

蓋人雖有善心善德，如果沒有善法，仍然不足以推行善政。反之，國家雖有善法，如果沒有賢能之人來推行，善法也不能自顯功效。由此可見，儒家講的人治、德治、禮治，不但與法治不相排斥，而且還要求同時兼顧，相互配合。更何況法刑制度，也本是依於禮義之道來制訂、來推行的。在儒家看來，禮義之道是治國的綱領，而法刑則是本乎禮義之道的具體措施。禮與法雖然層位有高低，範圍有廣狹，但二者的關係則是「相輔爲用、相需而成」的。

荀子嘗謂：

> 禮者，法之大分，類之綱紀也。（〈勸學〉篇）

大分、綱紀，皆有原則準繩之意。法是具體的法律條文，類是抽象的原理原則（猶言法理），「法」與「類」都必須以「禮」爲綱領、爲準據。如果將法與類作動詞看，禮，也仍然是創制法律的最高原則，是推類明理的基本準據。

❷《孟子．公孫丑》上篇。

❸《孟子．離婁》上篇。

依於上文引據孔子、孟子、荀子三家之言所作的簡要說明，我們可以獲得一個歸結：

儒家是「以禮為綱，以法為用」。

就心性之學、內聖成德之敎而言，儒家是禮與仁義合在一起；而在治道、外王事功方面，禮便與法相貫相通。賈誼說過二句話：「禮者，禁於將然之前；法者，施於已然之後。」❹在行爲將要發生之前，是靠禮來約束，所以平常也說「發乎情，止乎禮」。到了行爲發生之後，就要靠法來制裁，這就叫做「繩之以法」。如此看來，儒家「以禮爲綱，以法爲用」，正提供了一個「由本達末，成始成終」的治道。

不過，在「以禮爲綱，以法爲用」的格局之下，由於法的運用不能脫離禮的綱領，因而使得法的獨立性未能充分透顯。這算不算是儒家的缺點，自可加以考察。首先，我們要確定所謂「透顯法的獨立性」是什麼意思？

1. 如果法的獨立性，只是表示：法不應該受到非法的干涉和主觀意志的改變。則儒家並沒有這個缺點，也不必負此責任。因爲儒家從來就不主張以權力意志來干涉國家的法度和法刑的運作。

2. 如果說，透顯法的獨立性是表示：法要和禮（道德原則）截然劃分。則這個問題就很難遽

---

❹ 西漢賈誼〈上文帝疏〉。

下論斷，而必須再作斟酌，再作衡定。

所謂必須再作斟酌衡定，第一、是近百年來法律哲學一直有一個思想傾向，就是要求法律與道德相結合。這表示儒家「以禮爲綱，以法爲用」的原則，正與時代的思潮相合而不相悖。第二、中國傳統政治的功能限制，必須從根反省（從政道的層面反省），而不能僅僅從儒家的德治禮治上說。

無論從學術的、歷史的觀點，我們都必須承認儒家有崇高的政治理想，有很理性的政治哲學，也創造了很詳實的政治制度，而且完成了廣大而久遠的政治功績。在近代民主政治沒有出現之前，中國的傳統政治也可以說是比較最爲合理的。但中國傳統政治也有三大困局一直無法解決：⑴改朝換代，治亂相循。⑵君位繼承，骨肉相殘。⑶宰相地位，受制於君。而這三個問題眞正的癥結，就是對於皇帝所代表的「政權」，一直想不出一個客觀的法制來安排它。如果對照於近代民主政治而從「法」的角度來看，就可以發現中國傳統政治欠缺二步立法：

一步是限制君王權力的立法，

一步是是規定人民權利義務的立法。

這兩步立法，是近代民主政治的最大貢獻，而也正是中國傳統政治的功能限制所在。在這二步立法沒有完成之前，儒家「以禮爲綱，以法爲用」的格局，就只能限制在「治道」的範圍之內，而無法開出安排政權移轉的客觀法制化的「政道」。這是儒家在傳統政治中所遭遇到的功能限制。

這一個限制，以明末顧、黃、王三大儒的痛切反省，也未能加以突破。在三大儒老死之後，西方漸次完成民主政治的政治形態，這一個體制性的軌道，恰可消解中國傳統政治的三大困局。而從儒家「民本、民貴」的思想，進到民主政體的建國，也正是一步順理成章的推進。

在客觀法制化的「政道」建立之後，儒家所講的「禮」，仍然可以顯發它的功能，仍然有它無可取代的價值。因爲儒家的禮，並不只是在「政治」層面上用，它還可以通到「理道」的層面、「社會」的層面、「生活」的層面❺。

接下來，將對法家思想之形成，作一歷史的考察。

二、法家思想形成的線索

在先秦諸子中，法家出現較晚。而一般習稱「管商申韓」，將管仲也歸入法家，則並不妥當。管仲，還有子產，都是春秋貴族社會的政治家，二人之用法，乃是爲了救時，至於他們秉持的治國之道，則仍然是「禮」（《左傳》所載二人之言可證）。所以梁任公也只說管仲子產「可

❺ 請參閱蔡仁厚《儒家思想的現代意義》（臺北，文津出版社）卷上，頁一四五、一四六。同書有一文論〈禮的涵義及其功能作用〉，見頁一五一至一六四，亦可參看。

謂法治之祖，而非法家之祖」。

法家，實由儒家而導出。戰國初期，孔門再傳的李克（李悝）、吳起❻，有敏銳的現實感，有富強觀念。李克相魏文侯，盡地力之教。吳起先仕魏，後相楚，明法審令，大事變革。二人的思想和行動，皆脫離儒家的德教禮治，而開始用法。但二人雖開法家之先河，而實乃儒門之事功家。嚴格意義的法家，當以商鞅為第一人❼。

商鞅在秦變法，廢井田，開阡陌，尚事功，又重刑賞而嚴法，可以說是法家的正宗。但商鞅又實深受李克、吳起的影響，據錢穆氏之考證，約有下列數端❽：

1.商鞅入秦相孝公，考其行事，則李克、吳起之遺教為多。史稱鞅先說孝公以比德殷周，是鞅受儒學之明證也。

---

❻《史記》〈貨殖列傳〉、〈平準書〉，皆云李克務盡地力，而〈孟荀列傳〉則作李悝，崔述《史記探源》謂「悝克一聲之轉」，實為一人。《漢書・藝文志》有《李克》七篇，注云子夏弟子。又有《李子（悝）》三十二篇，列在法家。另外，〈食貨志〉亦言李悝為魏文侯作盡地力之教。吳起，為曾子弟子（唯劉向《別錄》則謂吳起受《左傳》於曾申，申乃曾子之子），初仕魏文侯，後相楚，《史記・吳起傳》謂「起相楚，明法審令」，「要在強兵」。《漢書・藝文志》有《吳起》四十篇，列在兵權謀類。

❼蕭公權《中國政治思想史》（聯經版）第七章，頁二四〇有云：「嚴格之法家思想必待商鞅而後成立，韓非則綜集大成，為法家學術之總滙。」

❽錢穆《先秦諸子繫年考辨》（港大版）卷三，〈商鞅考〉，頁二二七起。

2.商鞅之變法，令民什伍相收司連坐，此受之李克之綱紀也。《通典》引吳起教戰法，亦有「鄉里相比，什伍相保」之文。

3.立木南門，此吳起僨表立信之故智也。開阡陌封疆，此李克盡地力之教也。遷議令者於邊城，此吳起令貴人實廣虛之地之意也。

4.總之，重農政、重法律、重兵事，皆李克、吳起、商君三人之所同也。

據此可知，商鞅的思想與行事，實由儒門而導出。而所謂「綜核名實，信賞必罰」，也本屬通義，法家不過特加突顯而以之爲主要原則耳。另如守法奉公，也可說是孔子正名復禮之精神隨時勢而一轉。因此，與其說法家原於道家，不如說淵源於儒家爲較合史實。

從李克、吳起到商鞅，三人之尚法尚事功，都是爲了解決政治經濟上的實際問題，而並非先有一套觀念系統而後依思想而行事。要到後期法家，才依觀念思想而行動。其中有一個關鍵，就是申不害的「術」橫插進來，遂使法家開始變質。「術」這個觀念，無論單就法家思想而言，或就整個政治思想而言，都是一個負面的觀念，而且是一個很壞的觀念。它使政治變得「不宣明、不公誠」，使法家的君道變成「周密、幽險」的權術之府⑨，成爲一個陰森黑暗之深潭。

⑨ 參《荀子・正論》篇「主道利周」一節。又《韓非子・難三》篇云：「術者藏之於胸中，以偶衆端而潛御群臣者也。故法莫如顯，而術不欲見。」於是操術之君乃成莫測高深之秘府矣。

韓非兼取商鞅之法與申不害之術，集法家之大成。而爲了深化統御臣民之權術，又有取於老氏虛靜之意，而凝成其「不可知的無爲之術」⑩。對於他老師荀子之學，韓非則特承性惡說而變本加厲。因此不信民、不恤民，而突出嚴法任術，以控御人民、驅策人民。熊十力先生嘗謂，韓非不是法家正統，當正名爲法術家⑪。這是一個很有警策意義的簡別。

依據以上的說明，可以看出法家思想形成的線索，是由「禮」到「法」，再到「法術」。玆略仿表式之意，列敍如下：

禮——春秋之世，治國以禮。管仲、子產，乃貴族社會之政治家，雖用法以救時，但只可謂法治之祖，而非法家之祖。

……李克、吳起，乃儒門之事功家，現實感特強，有富強觀念，舍禮而用法，開法家之先河。

→法——商鞅廢井田，開阡陌，尚事功，重刑賞而嚴法，乃法家之正宗。

……申不害尚術，「術」之觀念揷進來，使法家開始變質。

→法術——韓非集法家之大成，而實爲法術家。其思想乃極權獨裁之思想。

---

⑩參王邦雄《韓非子的哲學》（東大公司版）第五章第一節之三，論術之運用，頁一八七起。

⑪參熊十力《韓非子評論》（學生版）頁二。熊先生並認爲晚周法家之正統派原本《春秋》，而商、韓實非法家。《春秋》貶天子、退諸侯、討大夫，決不許居上位竊大柄者，以私意制法而強民必從。而《春秋》本旨必尊重人民之自由，而依其互相和同協助之公共意力，以制法，而公守之。《淮南子》「法原於衆」一語，卽其遺旨也。見同書頁四、五。

秦，以詐力取天下，而法家助之以完成一統。然法家雖有取天下之術，而實無安天下之道。故漢代以後，再無嚴格義之法家（唯後世之胥吏，或可視爲法家轉型後之支衍耳）。至於歷代之苛察、酷吏，只是對付權豪惡勢力之一帖猛藥，此等人並非法家，所以特別名之曰「酷吏」。而守法度者則稱之爲「循吏」，循吏乃是儒家式的人物。我們可以這樣說：凡是有一套禮樂教化作爲主導原則，即使他治事嚴峻，信賞必罰，也不能視之爲法家。因爲依於法家之思想原則，根本不承認禮樂教化之價值。所以，韓非、李斯都只主張「以法爲教，以吏爲師」（而不以先王典訓爲教，不以往古聖賢爲師）。

三、儒家之寬平與法家之嚴苛

積極求治，以期事效，這是儒家與法家之所同。立法度，尚公平，也是儒法之所同。但兩家求治之道與求公平之道，則大相逕庭。儒家尚寬平，而法家尚嚴苛。

儒家「推仁心，行仁政」。推己及人，是儒家最基本的精神。孔子所謂「己所不欲，勿施於人」⑫，是以己心度他心的推己之恕；而「己欲立而立人，己欲達而達人」⑬，則尤爲恕道之積

---

⑫《論語・顏淵》篇。

⑬《論語・雍也》篇。

極表現。到孟子，更將推擴的道理大加發揮。所謂「以不忍人之心，行不忍人之政」⓮，即是推仁心以行仁政。而「老吾老以及人之老，幼吾幼以及人之幼」⓯以及「親親而仁民，仁民而愛物」⓰，更使仁愛之心步步推擴，由人類而通貫到天地萬物。儒家這種推擴仁愛之心以成就「人生、社會、政治之價值」的思想，以及要求安頓萬物以使之各得「位、育」的胸懷⓱，其崇尚寬和平正，乃是理所當然的。因爲——

> 不寬和，則苛擾逆戾，一切人、事、物，皆將不能適其性，不能遂其生。
>
> 不平正，則欹斜顛倒，一切人、事、物，皆將不能安其位，不能得其所。

但儒家的「寬平」，卻不是一個板滯固執的死原則，它一方面要求「執中有權」以得「時中」，一方面又講求「因、革、損、益」以合「時宜」。能夠及時而中，順時得宜，便不至於因爲求寬和而流爲鄉愿，而容忍罪惡；也不至於因爲求平正而抹煞個性，而妨礙興革。以是，在兩端之間取中求平，實可視爲儒家極大之優長。從孔子之「叩其兩端」、「無適無莫」，以及〈中庸〉之「執兩用中」，孟子之「執中有權」，荀子之「兼權以定取舍」，都可以看出儒家的性

⓮《孟子・公孫丑》上篇。

⓯《孟子・梁惠王》上篇。

⓰《孟子・盡心》上篇。

⓱《易・乾彖辭》云：「乾道變化，各正性命。」〈中庸〉首章云：「致中和，天地位焉，萬物育焉。」

格，是「守常以應變」，以期「不偏不倚，無過無不及」⑱。

由於儒家「以禮爲綱，以法爲用」，因此，不可能忽視「法」的客觀性與公平性。儒家所不同於法家、而且反對法家的，乃是法家的思想趨向，以及法家用法之嚴苛。

法家的本意，也想避免統治者私人意志的干擾，所以重視客觀平等之法，察名實以定賞罰。這當然很好。但法家又將人君的地位絕對化、神秘化，將人民的地位工具化、卑微化，結果使權力集中於一人，乃造成徹底的極權獨裁。這是法家最不可恕的地方。

法家發展到韓非，其嚴法、尙勢、任術的思想，正是要使人君處於威「勢」之地，以「法」制民，以「術」馭下。

甲、「嚴法」方面：法之本，是本於功利與事便，而不是本於理性；法之立，乃爲確保君國之利，而不在保護人民之權益；法之用，是以賞罰二柄繩治臣民。結果，民之守法，只是迫於利害賞罰，而不是通過理性之自覺。

乙、「尙勢」方面：法的賞罰，必待威嚴之勢以行之。韓非認爲「抱法處勢，則治；背法去勢，則亂。」⑲「君執柄以處勢，故令行禁止。」⑳又認定人民「固服於勢」而鮮能

---

⑱ 此上引述之意，皆儒家之通義，不煩一一註記。

⑲ 《韓非子．難勢》篇。

⑳ 《韓非子．八經》篇。

「懷於義」，故明主只須「增威嚴之勢」，而不必「養恩愛之心」㉑。「勢」本是推行政事的力量，結果卻只用以濟君主之私。

丙、「任術」方面：術，是人主之所執，「操殺生之柄，課羣臣之能」㉒。法，雖明著於官府，使臣民遵循；而術，則藏之於胸中，以暗中運用。所以說「法莫如顯，而術不欲見」㉓。君主的意欲，不形於外。此就守靜知幾以制動而言，是學自道家。但學道家而又落於伺察控御，結果終不免出於陰森，而流於險忍。

據此可知，法家之所以爲法家，並不在於用法（儒家也用法），也不在於「綜核名實，信賞必罰」（此乃通義，儒家也可以講、可以行）；而是在於用法的根據。法家用法之嚴苛，第一、是從人性惡出發，所以不信民，也不把人當人看（只作工具看）。第二、是用術。術必須暗中運用，因而使得君主成爲一個陰森之秘府，而無有光明弘達之象。其施及於人民的，只是外在冷酷之賞罰（無禮義，無德愛）。由於它本身不能面對光明之眞理，所以也就不能傳達光明於人間社會。

㉑《韓非子・六反》篇。

㉒《韓非子・定法》篇。

㉓《韓非子・難三》篇。

四、結語：儒法異同五端對比

最後，再依儒法二家的思想旨趣，列爲五端作一對比：

1.儒家順人性而爲政，故信民愛民，開誠布公，行仁政以安民。法家則以人性惡爲出發點，故猜疑人民，用術以控制人民。

2.儒家以君臣相對待，君使臣以禮，臣事君以忠，君臣以義相合。法家則不貴臣，不信民，君尊臣卑，君主握有絕對性之權力。

3.儒家反貴族，法家也反貴族。但儒家視貴族爲「選賢舉能」之障礙，法家則視貴族爲「君權絕對化」之障礙。

4.儒家認爲君乃爲民而存在（卽使荀子也如此主張），爲政以民之好惡爲好惡（尊人格，重民意）。法家則以民乃爲君而存在，要求臣民以君之好惡爲好惡，否定個體人格與意志自由。

5.儒家教民、養民、愛民、保民，故輕刑薄賦，罪人不孥。法家則嚴刑重罰，連坐誅戮，愚民、防民、威民、虐民。

據此簡明之對比，儒法之異同已大體可見。其實，法家本由儒家而導出。早期法家尚事功、求富強，故重法用法，以期解決現實之問題。後期法家則因「術」一觀念揷進來而變質，又欲資取老氏虛靜之意以深化其權術之運用，結果卻大違道家「無爲」之旨，而造成「有爲」（人爲）之災禍；又因順承荀子性惡之說而變本加厲，結果與秦政合轍，而「大敗天下之民」（賈誼語）。法家對於道家而言，還只是不善學；對儒家而言，則是支流歧出而乖其向方，終於造成「反噬」。所以，從韓非李斯貶視「書簡之文」、「先王之語」而「以法爲教」、「以吏爲師」㉔，接下來自然會有「偶語詩書者棄市」㉕的律令，而終必發生「焚書坑儒」的慘禍。而中共文革之時「批孔揚秦」，突顯「儒法鬬爭」，則可說是西洋馬列之教與中土法家之術結成的一個「怪胎」，對中華民族傷害之大，對中國文化摧殘之深，可謂史無前例。

七十八年六月宣讀於東海大學「第一屆思想史研討會」

㉔《韓非子・五蠹》篇。

㉕《史記・秦始皇本紀》。

肆　關於儒道之間的一些關聯

討論道家哲學，我不是專家。今天只是抱着相互切磋的態度來出席。我打算從中國哲學史的立場，來看看道家哲學的智慧以及它和儒家之間的一些關聯。

首先，我們說一說道家的「無」的智慧。

道家在儒家之後，道家的問題也似乎是針對儒家而提出。譬如儒家講到聖智仁義，道家就說「絕聖棄智，絕仁棄義」。(1)從時代背景來看，是因爲周文疲弊。周朝的禮樂文化，到春秋戰國時代，只剩下外在的形式，失去了內容的意義。禮文成爲虛架子，表現不出它應有的功能作用，反而成爲一套桎梏。所以引起道家的反感，認爲這都是人爲造作的災害。唯一的辦法，就是歸於清靜無爲，來保住生命和文化的價值。此之謂「守母以存子」。守住「無」這個道，以無爲之道來保存各種價值。(2)周文的疲弊，其實儒家也看出來了。但儒家不反對周文，而是要挽救周文，使周文恢復內涵的意義。要把人的生命眞誠貫注到禮文形式上去，以仁義之心作爲禮樂文化的基礎。所以孔子說「人而不仁，如禮何，如樂何」。有了仁義之心，禮樂文化才能復活，以重新顯發它的意義和價值。但儒家這個用心，道家似乎並不了解，而認爲儒家講的仁義聖智，仍然是「有爲」，是人爲造作。⑶其實，道家也不是眞的要抹煞「聖智仁義」本身的價值。所以王弼說「絕聖而後聖功成，棄仁而後仁德厚」。這是「棄名以存實」，去仁義之虛名，存仁義之實德。而所謂「棄、絕」，實只是一種遮撥的方式，通過「無爲」的方式運用來遮撥「有爲」（人爲造作）的災害。因此，道家並不是從實有層上否定，而是一種作用地否定；通過作用地否定，以達到作用地肯定或作用地保存。這種詭辭爲用，便是道家「無」的智慧。以上是概略的陳述，下面再討論三個問題。

一、道家視仁義為「有為」是否妥當公平？

儒家是道德的進路。要成就道德的價值，就要重視實踐，實踐的活動當然要「爲」，而且要「積極地爲」。但儒家的「爲」，乃是「由仁義行」，而不是「行仁義」（孟子語）。由仁義行，是順仁義之心而行。而仁義之心同時也是仁義之性、仁義之理。道德的理則本就含具在道德的本心之中（仁義內在，即是表示仁義之理內在於心），所以順由仁義之心而行，即是順由仁義之理而行。這樣就一切都能順適自然，不會有「干擾、操縱、控制、把持、扭曲、傷害」等的人爲造作，因而可以避免道家所擔心的「有爲」之災害。

孟子這個分別，的確非常透闢，而且正好把康德所說的「自律道德」和「他律道德」顯示出來。「由仁義行」是自律，「行仁義」則是他律。「由仁義行」是說，人的行爲完全順由心中本有的道德律則而行，無論視、聽、言、動，一切坦然明白，順適條暢，當然就沒有人爲造作的弊病了。「行仁義」則是把仁義推出去，視爲外在客觀的標準。爲了要符合這個外在的仁義標準，就會有利害的考慮和功效的計較，因而在「行」這個「仁義」之時，難免會有「人爲造作」的夾雜。說到這裏，我們可以作一個歸結，道家說的「有爲」，不能應用於孟子一系「由仁義行」的自律道德，只能指說孟子所反對的「行仁義」之他律道德。因此，道家直接把儒家的仁義貶斥爲「有爲」，是不妥當的、不公平的。

二、儒家也可以講「無為」嗎？

孔子說「無爲也者，其舜也歟」。孔子講無爲，應該比道家早。雖然孔子並沒有把「無爲」二字觀念化、原則化，但至少表示，「無爲」這種智慧，儒家是可以理解，可以承認的。何況《尚書》也本有「無有作好，無有作惡」的話。作意的好惡，是「有爲」的好惡；無有作好作惡，是要遮撥私意造作，沒有私意造作的好惡，也就是「無爲」的好惡了。孔子所謂「唯仁者能好人，能惡人」，也表示仁者好一個人、惡一個人，都是順由仁義而行，即沒有「作意」，也沒有「利害計較」，所以其好人惡人皆能得其正。能得其正的好惡，也就是「無爲」的好惡了。另外，所謂「毋意、毋必、毋固、毋我」，「無適、無莫」，以及「無可無不可」，也同樣表示「無爲」的意思。孟子雖沒有說到無爲，但他說「禹之行水也，行其所無事也」。行所無事，也正與「無爲」之旨相通。

漢儒質實，似乎不解「無爲」之旨。宋儒興起而闢佛老，則主要是文化意識的伸張。就儒家的義理規模而論，旣有實有層上的肯定，也有作用層上的否定。順前者講本體，順後者講工夫。講本體，是正面的肯定；講工夫，便要天理流行，不容許把捉助長，不容許私意偏執。這樣，豈不也正與無爲之旨相合?這種意思，程明道和王陽明言之特爲透徹而中肯。

明道云：「天地之常，以其心普萬物而無心；聖人之常，以其情順萬事而無情」。所謂「以其心，以其情」，是從實有層肯定天地有心、聖人有情。「而無心，而無情」，則是作用層上的否定。因爲天地之心無偏無私，故能「普萬物」，爲期如實地普及於萬物、遍潤於萬物，就必須以「無心」的方式來顯現（若有心，便不免有偏有私矣）。聖人之情，也同樣不着意、不偏注，爲期如實地順萬事（隨事而順應），便須以「無情」的方式來表現（若有情，便不免着意、偏注矣）。通過「無心、無情」此一作用地（工夫地）否定，「天地之常、聖人之常」才能如理如實地表現，以得到實有層上的肯定。陽明所說的四句，尤爲明顯。他說「有心俱是實，無心俱是幻；無心俱是實，有心俱是幻」。前二句說有心爲實，無心爲幻，是先從實有層上肯定；後二句說無心爲實，有心爲幻，則是作用層上的否定。意卽：必須以「無心」（無偏無私、無思無爲）的方式，才能眞正使「心」獲得肯定、獲得實現。

據此可知，道家的「無爲」，乃是「共法」。道家可以講，儒家也可以講。儒家有實有層，也有作用層。而道家則只有作用層，而沒有實有層。這是儒道二家不同的地方。如果一定要說道家的道也屬實有層，也仍然是通過作用地否定（無爲），來達到作用地肯定。如此而肯定的道，只能是「無」，而不能有任何積極性的內容。這樣的道就是牟先生所謂「作用的表象」。是由作用地否定和作用地肯定而表象出來的一個境界。因此，牟先生又說道家的存有論是境界形態的存有論。這是道家「無」的智慧最爲特別，也最爲殊勝的所在。

三、關於「孔老會通」的問題

老子以「無」爲「道」。但老氏只是「有」的境界，還沒有達到「無」，所以不斷地講無。孔子不講無，因爲孔子已經達到無的境界，所以不必再講。這就是王弼所謂「聖人體無」。順這個講法，可以提出二點討論。

⑴孔子所體現的道，是否就是道家所說的無？說孔子「體無」是可以的。因爲孔子無適無

莫，無意必固我，而且他隨心所欲不逾矩，已達到應物無累的境地。不過，「體無」只是造道的境界，表示孔子對於道的造詣。但孔子卻並不必然要「以無爲道，以無爲體」。「無」作爲體來看，也是從體現上說，是屬於第二序的體。孔子講的是「仁」，仁之爲體，才是實有層上第一序的體。在孔子，實有層和作用層可以通而爲一。而且聖人之所以能「體無」，也正是在於仁體的自然呈現，順適流行。儒家所謂「天理流行」，其實就是「體無」的境界。但儒家不能直接以無爲體，而必須以仁爲體。

(2)王弼的意思，是以老子的「無」爲道，無是體，亦是本；而孔子體無，只是在用上做出來，這是迹。本與迹分說而求合，以期會通孔老。這是認爲道在老氏，孔子只是顯迹以體之。這樣會通的結果，是陽尊儒聖而陰崇老氏，不能說是眞會通。到郭象注莊，提出迹冥圓之說，才又有一步推進。「無爲」是本、是冥；「無不爲」(有爲)是末、是迹。郭象把迹抉開，以顯發本，最後歸於「迹本圓融」(和光同塵，體玄極妙)。後來成玄英順郭象之意作疏，便說莊生「假許由以明本，藉放勳以明圓」。堯(放勳乃堯之號)有天下而不與焉，雖在廟堂，不異山林。他是「以不治治之，以無爲爲之」，這是「圓照」(迹卽冥，冥卽迹，迹冥無對而圓融)。許由薄天下而不爲，將廟堂的應迹和山林的守本，隔而爲二，便成「偏溺」(迹歸迹，冥歸冥，迹冥有對而偏溺)。郭象的體會，是否眞是莊子的意思，倒是很難說。但玄學家能有這樣的引申發揮，不能不說是一種通達的慧見。

最後，我再說幾句話。孔老的會通，不能只取道家的「無」爲道。如果只有「玄智、玄理」，而不承認「性智、性理」，孔老的會通是做不成功的。道家通過「作用地否定」以達到「作用地肯定」。這個意思，儒家可以理解而承認，作用層上的無、無爲，儒家也可採行。但儒家在實有層上一定肯定仁，然後在工夫層上表現作用的無。這個意思，道家也應加以理解承認，才能彼此「相悅而解，莫逆於心」，以達成孔老的會通。

講於七十八年五月十一日中國文化大學哲研所「道家哲學座談會」

伍　唐君毅先生論人格世界

唐先生常用「人性世界、人格世界、人間世界、人文世界」一類的詞語。有關人性的討論，人間社會的關懷，人文世界的價值，想必有不少學者發表高見。所以筆者選擇人格世界這一方面，來略述一己之所知。

一、中國古代的人品觀

人格是民國以來流行的名詞，古人則多說「人品」。西方世界論人，多着重於性格和心理的分析，而忽視人品，陋於知人心。中國則素來重視人品，而且有長遠的「知人論世」之傳統。茲順歷史之序，略述其要。

1.《漢書．古今人表》

班固的《漢書．古今人表》❶，把上自伏羲，下至項羽的歷史人物，排列爲上中下三級，三級又各分爲上中下，而形成三級九等。

(1)上上者爲「聖人」——如伏羲、神農、黃帝、堯、舜、禹、湯、文、武、周公、孔子等。

(2)上中者爲「仁人」——如伊尹、武丁、傅說、微子、箕子、比干、伯夷、叔齊、姜尚、管仲、子產、吳季子、顏回、子思、孟子、屈原、魯仲連等。

(3)上下者爲「智人」——如倉頡、鮑叔牙、百里奚、孫叔敖、子貢、子路、子游、子夏、曾子、子張、范蠡、段干木、田子方、樂毅等。

(4)中上者——如晉文公、趙盾、叔孫豹、伍子胥、越王勾踐、老子、墨子、商鞅、韓非等。

(5)中中者——如齊桓公、師曠、申包胥、鄒衍、孟嘗君、宋玉、呂不韋、荊軻等。

(6)中下者——如吳起、梁惠王、齊宣王、申不害、莊子、惠施、公孫龍、秦始皇、李斯、項羽等。

(7)下上者——如齊景公、魯哀公、孔文子、專諸、楚懷王等。

---

❶ 見《漢書》卷二十，〈表〉第八。

(8)下中者——如堯之子丹朱、夏桀、鄭莊公、公叔段、晉獻公、叔孫武叔等。

(9)下下者——如舜之弟象、舜之子商均、后羿、商紂、周幽王、吳王夫差、趙高等。

這種排列,也許會有見仁見智的參差。但這並不是班固私人的見解,而是代表漢朝人衡量人物的一個標準,而且這個標準是以中國傳統的「知人之學」作根據,對後世的影響也非常深遠。東漢以後有關人物的評價和人品的欣賞,雖然出現一些新的觀念,但這三級九等的架構,以及那些重要人物的等第,並沒有基本上的改變。

2.《人物志》與魏晉人品

東漢末年,劉劭寫了一本書,名叫《人物志》❷。這本書的中心觀念是「才性」。才性不同於德性,德性人格以「聖賢」爲型範,而從才性生命看人,則可以論英雄,而且可以開出美學原理和藝術境界。魏晉名士的人品,即屬於才性人品之美。

名士的生命,主要就是一股清逸之氣❸,由清氣可以說「清明、清高」,清明,所以聰明秀

---

❷ 劉劭《人物志》一書,分爲〈九徵〉、〈體別〉、〈流業〉、〈材理〉、〈材能〉、〈利害〉、〈接識〉、〈英雄〉、〈八觀〉、〈七繆〉、〈效難〉、〈釋爭〉,計十二篇。

❸ 牟宗三《才性與玄理》(臺北,學生書局)曾對《人物志》作系統的解析,並對魏晉名士一格有專門之討論,見第二章、第三章。

出；清高，所以有品有格（才性方面的品與格）。由逸氣可以說「俊逸、飄逸」，俊逸，所以有風神，不俗氣；飄逸，所以灑脫、風流。名士有風神之美、儀態之美、姿容之美，且能清談，有言談之美，又有才藝，詩、文、琴、棋、書、畫，都有傑出的表現。他們有藝術性的生命，但帶有虛無主義的情調。像阮籍的途窮之哭❹，就是最好的例子。名士有美感而無道德感。他們沒有道德的標準，沒有生命的方向，沒有文化的理想，所以覺得前途黯淡，沒有出路。他們只表現才性，德性則萎縮。所以熊十力先生說「名士無有眞心肝」。這句話很嚴厲，但很眞實。諸葛亮以後，魏晉時期只有陶淵明算是眞人品。

3.唐代「才情氣」的世界

唐代是一個大朝代。唐朝人的生命，當然比魏晉人更健康，更旺盛，也有更多正面積極的成就。但唐朝的人格世界，主要是表現才情氣，而並沒有眞正進入道德的世界。

才情氣，是才性生命、氣性生命，而不是德性生命。盡才、盡情、盡氣，乃是生命的揮灑，是生命強度的表現，所以顯精采、有聲光，也有力量。但它是一種拋物線的發展，到達頂點，就往下降，停不住，無法緜緜延續。這就是所謂「英雄氣短」、「江郎才盡」，而才子佳人之「情」，

❹《晉書》卷四十九，〈阮籍傳〉：「時率意獨駕，不由徑路，車跡所窮，輒痛哭而反。」

也是在倫常軌道以外表現，浪漫而貞定不住。如果用孔子的話來說，唐代才情氣的世界，是「盡美矣，未盡善也」。

如能從「盡才、盡情、盡氣」，轉到「盡心、盡性、盡倫、盡理」，就是從生命原則進到理性原則，是在道德自覺中來完成德性生命，來創造人格價值和文化價值。如此，便可以貞定得住，也可以緜緜延續。這才是孔子所謂「盡美矣，又盡善也」。

4.宋儒對聖賢人格的品題

唐朝以後是宋朝，經過唐末五代的長期衰亂，宋朝接下來的是一個分裂、混亂、貧困，而且沒有一個人才的天下。宋太祖頒下家法，要他的皇帝子孫，尊敬讀書人，重視文教。經過半世紀的努力，到第四代皇帝宋仁宗時，才開始有像樣的人才。而儒家之學也從仁宗朝開始走向復興之路。

宋儒看人，是「德性」的觀念。這是順先秦儒家的思想而來。他們心目中的人品人物，不是名士，不是英雄，也不是才子佳人，而是聖賢；聖賢才是圓滿的人品，才是最高的人格型範。而論讚聖賢，是很難措辭的。譬如稱讚孔子，你不能說孔子長得很好看，也不能說孔子很聰明，很有才華，這些詞語都不相應，不中肯，即使你說孔子很偉大，也仍然不很恰當。總之，你不能從才性氣性方面了解聖人，他是德性人格，應該從他的人格精神來了解。孟子說聖人是「人倫之至」，石門晨門說孔子是「知其不可而爲之者」，儀封人說「天將以夫子爲木鐸」。都是從人格精神方面說。宋儒也正是從聖賢的生命氣象來品題聖賢的人格。程子說：「仲尼，天地也。顏子，和風慶雲也。孟子，泰山巖巖之氣象也。」又說：「仲尼無所不包。顏子示不違如愚之學於後世，有自然之和氣，不言而化者也。孟子則露其才，蓋亦時然而已。」❺

宋朝有一位無名氏在十里長亭的牆壁上題了幾個字，說是「天不生仲尼，萬古如長夜」。這句話說得淵懿雍容，自然平和，而又極有靈感。的確，孔子是中國文化的開光者，是人間世界的長夜之光。五年前我在清華大學演講，用過一個譬喻，我說周公繼承堯舜禹湯文武之道而制禮作樂，他畫出了中國文化這一條巨龍，而孔子則是爲這條巨龍「點睛」的人。孔子指點「仁」，就是爲文化點睛開光。這個光，也就是生生之道和生生之德的豁醒昭顯而周流不息。後來明朝的理學家羅近溪，又順承程子之意說了三句話：「孔子渾然是易，顏子庶幾乎復，孟子庶幾乎乾。」❻孔子的生命，就是「生生之謂易」的全幅體現。顏子如同《易經》的復卦，一陽來復，復其見天地之心。孟子則如同乾卦，顯示剛健創造的精神。由此可見，聖賢的人品，是眞正「通上下，合內外」，是「天人合德」的圓滿人格。

---

❺ 見《二程遺書》第五，二先生語五。

❻ 見《羅近溪語錄・盱壇直詮》（臺北，廣文書局）。

二、以儒家為主軸以比觀古代人才之類型

人才的類型，可以有各種不同的講法。《漢書・古今人表》是一種講法，《人物志》是一種講法，正史裏面「儒林傳」和「文苑傳」的劃分，又是一種講法。而唐君毅先生的〈孔子與人格世界〉❼，也提供了一種講法，下文第三段，我們要加以論述。現在，筆者願意先以儒家人物為主軸，拿來和官紳、文人、學者，作一個比觀。

1. 儒家與官紳——士君子與士大夫

儒家和官紳，一般來說似乎很難分開，但我們必須分開來看。歷史上的儒家，幾乎都做官；做官的人也大體都以儒家自居。等到告老還鄉，就是鄉紳，再加上一些考不中進士的舉人秀才，也是地方的仕紳，他們都讀聖賢之書，也講仁義道德，所以很難和儒家分開。但所謂很難分開，只是從表面看，如果從精神志行上考察，是可以分得開的，而

❼ 唐君毅：〈孔子與人格世界〉，爲紀念孔子二千五百零一年聖誕而作，刊於民國三十九年《民主評論》九月號。後編入《人文精神之重建》（臺北，學生書局），頁二〇四至二三五。

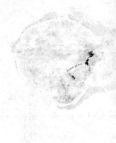

且也應該分開。

爲官爲紳的雖都是儒家之徒，但官有賢有不賢，紳也有良有不良。從孔子孟子以下，我們所尊崇的那些儒家人物，百分之九十都做過官，但我們尊崇他，並不是因爲他做過官，而是因爲他們的人格精神和學識志行，值得我們崇仰、尊敬、取則、效法。所以我們並不認爲他們是官，而尊稱他們爲儒者，爲聖賢。因此，從政爲官的人，如果符合「君子之仕也，行其義也」的標準，而能持守正道，推行善政，他就是儒者。反之，如果他依附政治權勢，投靠皇家，妬賢忌能，打擊忠良，暴虐百姓，當然就不能列入儒家之門。

地方的仕紳，如果能夠扶持風俗敎化，主持正義公道，好善樂施，熱心公益，自然也可以列入儒家。反之，如果他結交地方衙門，仗勢欺人，或者與地方特殊勢力相結合，而巧取豪奪，魚肉良民，這種人根本就應該「不與同中國」，當然不是儒家。

儒家和官紳的分別，也就是士君子和士大夫的分別。士君子必須立德、立功、立言，他們進可以有爲，退可以有守，既能獨善其身，也能兼善天下。而官紳士大夫之流，則只是功名利祿之徒，何足語此？

2. 儒家與文人——儒林傳與文苑傳

中國的正史，有「儒林傳」和「文苑傳」的劃分，可見儒家人物不同於一般所說的文人。

「儒林傳」的人物，重視經教人品，重視志節操守，也重視風俗敎化，他們都是誠樸端方、篤厚忠信的人物。「文苑傳」的人，則文采風流，逞才任性，常常不矜細行，是一些露聰明、顯才情的所謂漂亮人物。譬如漢朝的董仲舒是儒林的人物，而司馬相如便是文苑傳裏人。隋末唐初的王通（文中子）是儒林傳人物，而中唐的韓愈，雖然提倡道統，但畢竟是「文人之雄」，不能算是儒林傳中人。宋朝的范仲淹、歐陽修，都是一代名臣，在宋史裏都單獨立傳，如果以儒林和文苑來分，范公宜入儒林傳，而歐公就比較宜於入文苑傳。至於蘇東坡，當然是文苑傳中的佼佼者。講文學史的時候，文苑傳的人當然值得稱賞，但站在民族文化的立場，則儒林傳的人物，才更值得尊敬。

徐復觀先生曾經慨歎，說民國以來的名流，都是文苑傳的人物，儒林傳中顯得非常荒涼。他只推尊熊十力、馬一浮、梁漱溟、張君勱四位先生，認爲是民國時代儒林傳的代表。爲什麼民國時代不出儒林傳的人物？第一、以儒家爲主流的民族文化生命隔斷了。第二、有性情、有理想的人，都走偏鋒，變成狂熱而不平正的革命家了。第三、我們的教育西式化了。民國以來，全面採取西式化的教育。但是，我們的文化傳統、歷史背景、生活方式、以及安身立命之道，全都不同於歐美；而我們又偏偏鄙視民族歷史，抹煞傳統文化，我們的生命失去了滋潤，失去了陶冶，失去了憑托，因此，這一代中國人的生命是掛空的，靈魂是破裂的，觀念意識是紛歧的。在這種情形之下，知識性的敎育卽使百分之百成功，也無法培養出能夠與「民族生命」通在一起，與「文化生命」通在一起的人才。由此可知，民國時代儒林傳的荒涼，非偶然也。

3. 儒家與學者——通德達材與專家

儒家的學問，重視常理常道，所以不同於一般分門別類的專學。儒家教人做君子，做聖賢，君子聖賢是通德達材，他們和專家不同。研究儒家的經典，當然也可以成爲專家。譬如專治《詩經》，專治《尚書》，如果研究有成，都可以成爲專家。有的人專門從字義訓詁、版本考證等方面來研究經學，這類學者，我們稱之爲小學家。經學家、小學家，都是專家。但他們的形態和儒者是有所不同的。另外史學家的情形，也大致相類似。

一個儒者型的人，⑴他也可以專治某一部或某幾部經典，像朱子、王船山都註解了很多經典。⑵他們也可以研究經典文獻裏的字義音韻，像顧亭林就完成了《音學五書》。⑶他也可以著史、論史，像黃梨洲、王船山。但他們都是大儒，我們不宜於稱他們爲經學家、小學家、史學家。因爲他們的生命格範、人格形態，並不落在專家學者的層次上。

作爲通德達材的儒家，比較注意文化層面上「原則性、方向性」的問題。至於知識層次上「專業性、專技性」的問題，雖然他也不會加以忽視，但事實上卻很難使自己成爲專家。因此，儒者必將尊重客觀的學術，凡是現實層上較爲具體的問題，都應該尊重各個學門專業性的知識和技術。而各種各類的學術研究以及各個部門實務性的工作，也本可不相隔而相通、不相妨而相益，共同在一個總的文化方向之下，分工合作，以求其成。

以上說明儒者與官紳、文人、學者，皆有所不同。但這只是以儒家爲主軸，順就中國歷史社會的人才類型，作一個簡略的分別。這樣的說明，最多只能使我們對儒家這一個類型，有比較淸晰明確的辨識。而要想對人格世界作一全幅的了解，就應該進一步介紹唐先生的講法。

三、唐先生論人格世界

上文曾說，人才人品的類型，有各種不同的講法，而唐先生的〈孔子與人格世界〉一文，是從一般人所崇拜的人格，分爲六個類型來作說明。第一類是純粹之學者、事業家型，第二是天才型，第三是英雄型，第四是豪傑型，第五是偏至的聖賢型，第六是圓滿的聖賢型❽。唐先生指出，第一類型的人物，可以在一般的道德修養和道德教訓中培養出來，他們個別的成就雖然有大有小，但在人格價值上應無高低之別。而第二、三、四、五各型中的人物，則先天的成分居多，所以欲使人人成爲天才、英雄、豪傑或宗教性的聖賢，在事勢上有所不能。至於第六類型，則指孔子以及孔子敎化下的聖賢人物，這是唐先生整篇文章最後的結穴，也是最有通慧通識而且最有

❽ 同上。又此下凡引述唐先生該文所說，皆不另作註。

靈感的部分。現在擬將六個類型，分三節進行討論。

1.人格世界之基型——純粹之學者、事業家

所謂「純粹」，即「專心致志、別無他求」之意。這個類型的人物，他的一生，只念茲在茲於一個目的；而且以全部的智慧和精力，通過一種人爲的工夫，來成就這個目的，達到這個目的。

在純粹的學者方面，唐先生舉康德、斯賓諾薩、蘇格拉底、牛頓爲例，而在純粹的事業家方面，則未嘗舉人爲例。但他指出，凡是具有一段眞精神的東西方之學者，與一切在政治上、經濟上、其他社會文化事業上，專心致志於一個目標而生死以之者，無論他的成就是大是小，無論他爲人所知或不知，只要他眞是竭盡其努力，以貢獻於眞理之探究或貢獻於合理的理想之實現，都可歸屬於純粹學者型或純粹事業家型。

據唐先生的意思，我們可以說，純粹的學者、事業家型，乃是人格世界的基型。我所謂「基型」，其意義有三：⑴這一類型的人格，是原則上人人可以自勉而勉人的，也是現實上人人可能做到的。⑵社會大衆的人格，也正多屬於這一類型。他們在分門別類的學術知識上，在各行各業的工作事業上，一心只想探究眞理、做好工作、成就事業。儘管從客觀外在的成就上看，各人的貢獻有大有小，但從「專心致志、始終貫徹」的行事上看，都表現了同樣的精誠。因此，就人格

價值而言，一個大科學家和一個在試驗室中終其一生從事單一工作的技術人員，不應有高低之分。同理，一個大企業家，和一個在山野間終其一生開闢茶園或牧場的人，也並無人格高下之別。⑶當人們對於從事學問知識之研究的大大小小的學者專家，對於終身盡忠於一事的各行各業大小規模的從業者，都能普遍地加以尊重，而了解之、欣賞之、崇敬之，則在自己的精神生活中，必可有所充實而自然受益，自身的人格也可因此而獲得提高。而這樣的社會，也必顯發蒸蒸日上的興旺之象。

這第一類型的人格，也許最平淡而少精采，但這是使社會人間得以安固穩實的普遍的基礎。語云：「泰山雖高，而不如平地之大。」唐先生首先論及這一類型的人格，也正顯出他寬平廣大的器識來。

2. 人格世界之特型——天才、英雄、豪傑、偏至的聖賢

天才、英雄、豪傑，以及偏至的聖賢，最容易使人歆羨、讚歎、歌頌、崇拜。但這四種類型的人格，先天的成分居多，非人人所可企及，所以都是人格世界中特殊突出的人物。

天才，不重自覺的人為工夫，其靈感與會悟之來臨，都是超自覺的。超自覺的靈感與會悟，不同於自覺的安排與計畫。學術與事業，可以經由安排與計畫而成就；文學與藝術（尤其詩與音樂），則不能經由安排與計畫而做成。而天才型的哲學家，也不重視思想之系統。凡是天才的創

作都沒有定格，其靈感與會悟，不但可遇而不可求，而且往往是「求則失之」的。天才是獨一無二的，所以不可學。天才的性情與生命，必奇特、必精采，也常常是迷醉的、狂飈的，故中國有「天上謫仙人」之喻，而西方又有「天才與瘋狂爲鄰」之說。天才也常能勤奮努力，但勤奮努力並不能造就天才。庸才之勤奮努力，從道德上說，雖比天才多得自然之恩賜者更爲可貴；但勤奮努力者必須佩服天才，推尊天才，此則又見天才之可貴。

英雄也是天才。文學藝術與哲學中的天才，由神思以顯示其生命之光采與風姿，而軍事政治天才的光采與風姿，則通過意志的感召力與鼓舞力而顯示。神思勝者，意志恒弱；意氣橫溢者，神思常若不足。這二種天才，似乎難分高下。但神思是個人之事，意氣感人，則見生命力之充沛，故英雄型之天才，更易爲世人所歌頌。而英雄蓋世之氣概及其震懾人心之光采與風姿，也常使以神思勝之天才爲之低首降心。如張良雖思慧超勝，而不能不佩服「意氣豁如」之劉邦；西方歌德、黑格爾、貝多芬，也嘗對拿破崙而低首。唯天才之格也有高下，唐先生特別提到牟宗三先生論天才之意❾，以爲天才型的英雄，乃是以其生命自身之風姿與光采懾服人。「天才與天才較，不及便是不及」，而「最高之天才，乃不成套、無一定之系統者」。故「文有文套，武有武套」之李世民，不如「豁達大度，不滯於物，而氣象足以蓋世，光采足以照人」之劉邦。而提得

❾ 參見牟宗三：《歷史哲學》（臺北，學生書局）第三部〈綜論天才時代〉之第一章。

起放不下者，又不如提放自如者之格高。如亞力山大至印度河而落淚，拿破崙再困孤島而抑鬱，便不如劉邦晚年欲易太子，及知太子羽翼已成，便放手，也不如陳摶本有志於天下，及聞趙匡胤黃袍加身，便卽撒手入華山爲道士。西方一味崇拜英雄，既不知英雄之格有高低，也不知英雄之上有豪傑。

豪傑一格，特見重於中國。豪傑必有眞性情，與天才、英雄之以神思、氣概勝者不同。天才人物必求有所表現，而英雄且常有命運感，直覺有一不可知之命運趨迫其前進，氣機鼓盪，不到失敗不能罷手。天才英雄提得起而又放得下者，近乎豪傑，然能到達此境者甚少。放不下，停不住，便不算自作主宰。而豪傑則自始便能自作主宰。天才與英雄，不免求人知，求人附和，故有功名之心；豪傑則常忘世俗之毀譽得失，而唯是獨行其所是。故豪傑之行徑，常見其出於不安不忍之心。唐先生有四句歸結性的話，說得極其中肯而諦當：

1.在晦盲否塞之時代，天地閉而賢人隱，獨突破屯艱而興起，是豪傑之精神。

2.在積暴淫威之下，刀鋸鼎鑊之前，不屈不撓，是豪傑之精神。

3.學絕道喪，大地陸沉，抱守先待後之志，懸孤心於天壤，是豪傑之精神。

4.學風已弊，積重難返，乃獨排當世之崇尚，以滌盪一世之心胸，是豪傑之精神。

據此，獨清獨醒，自沉於江之屈原，是豪傑精神；「受任於敗兵之際，奉命於危難之間」，「成敗利鈍，非所逆覩，鞠躬盡瘁，死而後已」之諸葛亮，是豪傑精神；莊子所稱「眞天下之好也，將求之不得也，雖枯槁不舍也」的墨子，是豪傑精神；另如魯仲連義不帝秦，荆軻以匕首刺秦王，張良椎秦始皇於博浪沙，皆是大豪傑。豪傑心目中無英雄，是即英雄不及豪傑處。又如西度流沙，萬里求法的玄奘，是豪傑；「我若見性時，輪刀上陣亦得見之」的六祖慧能，是豪傑；文起八代之衰，萬死不悔以排佛老的韓愈，也是豪傑。豪傑之士，「其人雖已沒，千載有餘情」。故奮乎百世之上，而百世之下聞者莫不興起。推極而言之，無論其名見不見經傳，凡有眞知灼見，有擔當，不計利害得失毁譽成敗，而能「獨有所爲」或「獨有所不爲」者，皆是豪傑精神之表現。

但以豪傑與聖賢較，豪傑又低一格。聖賢能狂能狷，皆能表現豪傑精神；但聖賢不止於狂狷，故能超越豪傑。豪傑精神常由外在之激盪而成，其精神與世相抗，故細微之矜持在所難免；聖賢則平下一切矜持之氣而忘我，使眞性情平鋪呈露，並由此而顯示一往平等之理性。此卽聖賢超越豪傑之處。

聖賢有兩格，一爲偏至的聖賢⑩，一爲圓滿的聖賢。偏至，謂偏而至於天。偏至的聖賢，卽指宗教性的人格。如謨罕默德、耶穌、甘地，皆崇拜上帝，釋迦則只肯定一絕對超越人間之境

⑩「偏至的聖賢」，學生書局重版時改作「超越的聖賢」，其義一也。偏至是偏而至於天，天人未能眞合一，而超越亦卽指其重超越一面之「天」也。

界，武訓雖不必有上帝之信仰，但他念及人須識字受教育，即以行乞之積蓄興學，此正表現一宗教性之至誠。他一無所有，所有者只是絕對犧牲自我忘掉自我之宗教精神。唐先生指出，宗教性的聖賢人格之所以偉大，主要見於其絕對忘我而體現一無限之精神，故註定要爲一切有向上精神之人所崇拜。聖賢不須有人們之所長，而世間一切有抱負、有靈感、有氣魄、有才情、有擔當之事業家、天才、英雄、豪傑，在聖賢之前，總皆自覺藐小而低頭禮拜。人們所有的一切，對他們都用不上，人們所要求的一切，他們都可以不要。我們忘不了自我，而他們則超越他們之自我，忘掉他們之自我，而入山，而上十字架，而行乞興學。於是，我們便自知，我們不如他們，他們的精神涵蓋於我們之上。在他們面前，我們自覺藐小，自覺自己失去了一切家當，成爲空無所有；而他們卻反而成爲絕對之偉大與充實。這一偉大與充實之感覺，便使一切人們都得在聖賢之前低頭。低頭是表示你接觸了他們的偉大充實，分享了他們的偉大充實，而使你也進於偉大充實。你如不低頭，而安於世俗之所有（如富貴功名，如你之抱負、靈感、氣魄、才情），反而成爲自安於藐小。人之所以不能不崇拜聖賢之人格精神，道理就在於此。唐先生說，你不崇拜上帝，尚猶可；但你不崇拜那眞能忘我而體現絕對無限，而同一於上帝的聖賢人格，則絕對不可。崇拜人格，也是一種宗教精神，而這種宗教精神乃是可以比「只崇拜上帝、只崇拜耶穌」更偉大的一種宗教精神。此卽儒家宗教精神之一端（儒家之宗教精神，包含崇敬天地祖先聖賢，以及歷史文化）。

3. 人格世界之常型——圓滿的聖賢（孔子）

偏至的聖賢們，常只依上帝之啓示立教，而又說，上帝在他們與一切人之上。然則，上帝是什麼？唐先生說，上帝是一絕對忘我絕對無限之精神。偏至的聖賢旣能絕對忘我以體現絕對無限之精神，則他們不僅見上帝，上帝亦卽當體呈露於他們。上帝旣能當體呈露於他們，亦能當體呈露於一切人。這個道理必須自覺地加以承認。此一絕對忘我絕對無限之精神，耶穌名之爲愛，釋迦名之爲慈悲。此無限之愛與慈悲，乃原在人之中、原在人的心之中；如此則愛與慈悲不只是情，而是性，此性卽名之爲「仁」。知人人皆有「顯爲無限之愛與慈悲」之仁性，乃眞知上帝之精神並非超越而高高在上，而乃卽在於人人現成之心中。故孔子曰：「仁遠乎哉，我欲仁，斯仁至矣。」⑪假若上帝超越而不內在，天德與性爲二，則天人分裂而相離矣。

耶穌、釋迦、謨罕默德，銷盡世間之精彩以歸向絕對無限之精神。但也由於他們之銷盡精彩而烘托出他們的「超越」與「神聖」，此「超越、神聖」之本身，對世人而言又是在顯精彩。而孔子則連這些精彩也加以銷掉，使一切歸於順適平常。孔子之眞誠惻怛，一面是「如天之高明而涵蓋一切」之超越精神，一面是「如地之博厚而承認一切」之持載精神。唐先生指出——

⑪見《論語・述而》篇。本節所引孔子之言，皆見《論語》，不煩一一作註。

1.孔子曰：「毋意、毋必、毋固、毋我」，「空空如也」；一切超越忘我之精神，豈能外於是？

2.孔子曰：「默而識之」，「我欲無言」，「天何言哉！四時行焉，百物生焉，天何言哉！」一切超越言思、與天合德之精神，豈能外於是？

3.孔子曰：「老者安之，少者懷之，朋友信之」，「鳥獸不可與同羣，吾非斯人之徒與而誰與？」一切大慈大悲之精神，豈能外於是？

4.孔子曰：「三軍可奪帥也，匹夫不可奪志也」，「知其不可而爲之」；一切豪傑之精神，豈能外於是？

5.孔子曰：「文王既歿，文不在茲乎？天之將喪斯文也，後死者不得與於斯文也；天之未喪斯文也，匡人其如予何！」其對歷史文化所顯露的繇穆深厚之責任感，一切宗教人格之使命感，又何以過之？

6.孔子曰：「生而知之者，上也」，「我非生而知之者」；則肯定天資天才之精神，豈非也涵於孔子之內？

7.孔子小管仲之器，而又佩服其維護華夏之功業，則推崇英雄之精神，豈非也涵於孔子之內？

8.孔子曰：「三人行，必有我師焉，擇其善者而從之」，乃「問禮於老子、問官於郯子、問樂於萇弘、學琴於師襄」，「子產死，孔子出涕曰，古之遺愛也」；則尊重學者、事業家之精神，豈非也涵於孔子之內？

9.孔子曰：「學而不厭，信而好古」，又曰「吾嘗終日不食，終夜不寢，以思」；則蘇格拉底之逢人便問學，一日夜不移一步之苦思，亦不過如此。

10.孔子「在齊聞韶，三月不知肉味」，則天才對音樂之沈醉，又豈能上之？

11.孔子心許曾點之「浴乎沂，風乎舞雩，詠而歸」，而曰「吾與點也」，可見孔子之胸懷灑落，此便是最高的詩人境界。

12.孔子「必也臨事而懼，好謀而成」，此即事業家安排計畫之精神也。

同時，孔門諸賢，也都是天挺人豪，都是有志於聖賢而拔乎流俗的豪傑之士。如像曾子，他說：「士不可以不弘毅，任重而道遠」。又說：「自反而縮，雖千萬人吾往矣」⑫。這是何等豪傑精神！而子路的豪傑氣，尤其常常表現在他的言行之間。堂堂乎的子張，「尊賢而容衆，嘉善而矜不能」，此即肝膽照人，推心置腹的英雄襟度。子貢才情穎露，類乎天才。文學科的子游、子夏，較近於學者。政事科的冉有，則近乎長於計畫的事業家。顏子默然渾化，坐忘喪我，「一簞食，一瓢飲，在陋巷」，與現實世界似乎略無交涉，對聖人之道，只有「仰之彌高，鑽之彌堅，瞻之在前，忽焉在後」的讚歎，此則特具宗教性偏至聖賢的超越精神。但他們都涵育在孔子的聖賢教化之中，而未嘗以天才、英雄、豪傑、宗教性之人格顯。他們的才情聲光，在孔子面前放平

---

⑫ 見《孟子・公孫丑》上篇。

了，渾化了；他們的人格精神，在孔子的德慧感潤之下，同一化於孔子，而歸於永恒。

依唐先生之體認，釋迦、耶穌之教，總只是向高明處去，故人只覺其神聖尊嚴。而孔子之大，則大在極高明而歸於博厚，以持載一切、承認一切。所以孔子教化各類型的人，也尊重佩服各類型的人。他不但佩服與他精神相近的人，也佩服與他精神相反的人。孔子的祖先是殷人，卻能佩服文武周公，稱頌周之文化。伯夷、叔齊以武王伐紂爲以暴易暴，義不食周粟而餓死首陽山，其立場與孔子相反，而孔子卻以求仁得仁讚許之。楚狂接輿、荷篠丈人、長沮、桀溺，皆譏諷孔子，而孔子心許其人，乃「欲與之言」，且「使子路往見之」，此又是何等氣度！孔子對堯舜特致欽仰，也正在於堯舜之超越的「涵蓋、持載」之精神。「大哉堯之爲君。唯天爲大，唯堯則之。」「君哉舜也。巍巍乎，有天下而不與焉。」「無爲而治者，其舜也與！」其推尊堯，是以其高明如天；其推尊舜之「不與」、「無爲」，則以其博厚如地，而能選賢與能，承認一切人，持載一切人。

凡教來學、以開後世之學術，必資乎高明之智慧；而承前聖、以繼往古之文化，則必資乎博厚之德量。如果說，一切聖賢都是上帝之化身，則上帝化身爲耶穌、謨罕默德等，只顯示一天德；而其化身爲孔子，則由天德中開出地德。天德只成始，地德乃成終；終始條理，金聲玉振，而後大成。於此，唐先生乃特爲致問：「天之高也，星辰之遠也」，人固皆知其尊矣；人孰知地之厚德載物，似至卑而實至尊，而實卽天德之最高表現者乎？又孰知孔子之至平常而不見顏色、不見精采，正乃上帝之精光畢露之所在乎？

了解孔子是很不容易的。尤其滿清一代的隔斷，加上民國以來一般知識分子的盲爽發狂，更使得現代人的生命與孔子離得遠了。而唐先生這篇文章，是眞正開啓「孔子德慧生命之復活」的一大契機，是眞正彰顯「孔子人格精神」最有代表性的大文章。由於這篇文章，也使得中國「知人論世」的學問，又以一番新的講說而重新顯示出來。唐先生有一段話，文甚美而意極善。玆分爲三小節，敬錄於後：

嗟乎，人類之文化歷史，亦已久矣；或以學術名世，或以功名自顯。天才運神思，而慧發韻流。英雄露肝膽，而風雲際會。豪傑之士，出乎其類，拔乎其萃，障百川而東之，醒當世之懵懵。此皆見人性之莊嚴，昭生命之壯采。其在世間，若雲霞之燦爛，亦宇宙之奇觀；彼雲霞之變幻，如峯巒之在天而挺秀，如龍馬之凌虛以飛馳，亦美之至也。然對彼長空萬里，茫茫太虛，行雲畢竟何依？「生年不滿百，常懷千歲憂」，「夕陽無限好，只是近黃昏」，時移運轉，皆煙落光沉，徒增永嘆。乃有偏至之聖賢，念天地之悠悠，哀人生之長勞，直下破盡我執，承擔無限。體上帝之永恆，證虛空之不壞。於是，大地平沉，山河粉碎，天國現前，靈光迴露。此宗教精神之所以偉大也。然智者皆叩帝閽而趨涅槃，伊人長往而不返，誰復厚德載物，支持世界？

古人云：「天不生仲尼，萬古如長夜。」旨哉斯言也。蓋孔子之德慧，正在知彼雲霞之七色，皆日光之分散；彼奇采之所自，乃無色之大明。唯此大明終始而日新，生命壯采表現於人格人文之世界者，乃有所依恃，不息而生生。此終始之大明，卽超越地「涵蓋持載宇宙人生與人格人文世界」之仁體德慧也。於是，孔子之精神，乃御六龍而迴駕，返落日於中天；融生命之壯采，咸依恃於仁體；任雲興而霞蔚，樂並育於太和。

唯此德慧，上友千古，下友後生；則哲人往而長在，逝者去而實留。德慧具而永恆在斯，大明出而虛空充實。斯悠久以無疆，卽至誠而如神。大地不必平沉，山河何須粉碎？而皆為永恆大明之所周佈。現實世界由此得被肯定而有所依恃，而參贊化育，曲成人文，與夫利用厚生之事，亦皆可得而言矣。此孔子「大明終始，雲行雨施、厚德載物、含弘光大」之精神，所以為圓滿也。

總之，孔子之精神，即是超越的涵蓋持載之精神，亦卽一絕對之眞誠惻怛。誠之所至，即是涵蓋持載之所至，亦卽超越有限之自我以體現無限精神之所至。同時，眞有孔子之精神，則又必開展心量，致其誠敬，以學他人之長。中國文化固宗孔子，而亦未嘗排斥外來文化。孔子人格精神之偉大，誠不可不學。但學孔子者也當佩服一切有價值之人，甚至在人生某一階段你佩服他人過於孔子，也可爲孔子所許可。而且，你若從未佩服過低於孔子之其他人格以步步提升自己之向上精神，也就不算是眞能崇拜「超越一切層級」之孔子。（因爲孔子之所以能超越一切層級，正由他承認而持載一切層級。你若只佩服孔子而不佩服其他低於孔子者，則表示你只見孔子「高明涵蓋」之一面，而不見孔子「博厚持載」之一面。）今天我介述唐先生論人格世界的一些精義，主要就是希望現代和未來的中國人，能眞正了解孔子，效法孔子。孔子人格精神的發揚，不僅是中國文化之福，同時也是世界文化之福。

七十七年十二月宣讀於香港「唐君毅思想國際會議」

陸 唐君毅先生的文化意識

——紀念唐先生逝世十周年

一、簡說「文化意識」

以「文化意識」作爲著作之書名的，唐先生是第一人，也是唯一的一人。

什麼是文化意識？「文化意識」這個詞語的意涵畢竟如何？有時候好像很淸楚，但眞要確切地說出來似乎也並不容易，記得三十一年前，我曾經寫過一篇文章，題目就叫做〈激發我們的文化意識〉，主要是順着儒家「人禽之辨、義利之辨、夷夏之辨」這三辨來作申論。若干年後，又以〈民族精神與文化意識〉爲題寫過一篇文章，認爲文化意識，是由「價値意識、道德意識、民族意識」這三方面凝斂而成。同時，我對王船山幾句話的印象特別深刻，他說：

有家而不忍家之毀，有國而不忍國之亡，有天下而不忍失其黎民，有黎民而恐亂亡，有子孫而恐莫保之。

船山的話，正是本於他深厚而強烈的文化意識而說出來，這是他靈魂深處發出來的聲音，也是最能引發我們共鳴的一種聲音。

現在，我們可以這樣說：

不忍家國天下淪亡，不忍民族文化之統斷滅，而思有以「保存之、延續之、光大之」的仁心悲懷，是之謂文化意識。

一個眞正的儒者，必然有深厚而強烈的文化意識。有些人雖然口頭上也會講文化意識四個字，而事實上他的「生命原則、生命途徑、生命方向」並不眞正能夠和民族文化生命和諧一致，他的靈魂有夾雜，有歧出，而別有所託，他的文化意識是不眞實的。這樣的人，也不可能對儒家的學問有相應的了解——他的不了解，不關乎聰明，也不關乎知識，而是他的生命有隔閡，他的靈魂別有所向。

二、文化意識的道德理性基礎

唐先生寫《文化意識與道德理性》這部書的最初動機，是想對「家國天下觀念之建立」有所申論，進一步他又覺得應該擴大來總論文化意識的道德理性基礎，結果便寫成一部大書。

唐先生覺察到各種社會文化的活動，有如家庭、教育、經濟、政治、法律、科學、哲學、文學藝術、宗教信仰，乃至體育、軍事等等的活動，都有道德理性運行貫注於其中。換句話說，道德理性乃是一切社會文化的基礎。而現實中的各種社會文化活動，也都自覺或不自覺地表現了某一種道德的價值。所以，整個人文世界都可以統攝於道德理性的主宰之下。

道德理性（道德自我）是一、是本，是涵攝一切文化理想的。而文化活動是多、是末，是成就現實文明的。依據唐先生的分判，中國文化過去的缺點，是在於人文世界沒有分殊的撐開；所以中國將來的文化，應該「由本以成末」，來撐開人文世界。而西方現代文化的缺點，則在於人文世界儘量撐開而淪於分裂；所以西方文化應該「由末而返本」，使道德理性透顯出來。

唐先生這部書，一方面是擴充孟子的生命本原的性善論，以成就文化本原上的性善論；另一方面是擴充康德的道德生活的自決論，以成就文化生活中的自決論。因此，唐先生表示，他的思想立場——

第一、不同於西方宗教家所倡說的文化本原之性惡論（彼云，人吃禁果，知羞恥而穿衣，乃人墮落之本始）。

第二、不同於自然主義、唯物主義者的文化本原之性無善無不善論（彼云，文化原於自然本能、自然欲望、自然心理，此皆為中性的，無善無不善）。

第三、不同於「人類文化為神所決定」的超越決定論。

第四、不同於「人類文化爲一切自然力量所決定」的外在決定論。

今天，我們不擬講述唐先生這部大著的內容，而打算從他別的著作裏，再提出一些重點，來了解他的文化意識之表現。

三、針對「共產天國」而激發文化意識

唐先生的文化意識，首先是針對「共產天國」而激發出來。民國四十一年，他寫了一篇元旦獻辭，題目叫做〈人類的創世紀〉（《人文精神之重建》，頁一七五起）。

唐先生指出，人類自始以來，就是以精神上的理想，來開拓世界，形成文化，建造歷史。而二十世紀人類歷史上的大事，一是孫中山的理想表現於中華民國之創建，二是甘地的理想表現於印度之獨立，再就是馬克斯列寧的理想表現於俄國之革命。這三件事都可證明二十世紀的人類，仍能自覺地憑其理想來主宰未來歷史的命運。但是，馬列共產主義所顯示的巨大力量，卻一步步違離初衷而把人類世界推向毀滅之途。而他們所炫耀的「共產天國」的光明，也竟然只是虛假而不眞實的幻影。

理想的人類世界，應該是一個有情的人間世界，有價值內容的人文世界，有眞實人品的人格世界。而共產天國所標舉的「人人各盡所能、各取所需」，充其量也不過是經濟方面的要求，此

外，便什麼內容也沒有。他們從來不提在共產天國中，人的人文生活是如何，人的精神生活又是如何；對古往今來的聖賢人格，他們也根本沒有崇敬之誠。他們所強烈要求的，是一切文化與一切宗教、藝術、哲學、科學，都必須爲共產政權服役；一切個人都要絕對服從共黨組織的命令，而不容許有個性的自由。在政治上，他們否定任何反對黨的存在，又把國家視爲階級鬪爭的工具，把家庭視爲私情包袱，把宗教視爲痲醉人民的鴉片。這樣一來，人文、人格、自由、民主、歷史、神靈、家庭、國家等等，全部化爲烏有。他們衝破一切、否定一切，以一種非理性的浪漫精神，投向那個荒涼混沌的共產天國。他們心不平，氣不和，更沒有餘暇作價值的反省思考。他們只是以其着魔發狂的生命，嚮往一個空虛而沒有內容的無產大同。這眞是前古未有的「觀念的災害」、「文化的浩劫」。眼看着一個有五千年歷史文化的大中國，在不旋踵之間便淪陷於共產世界，這個時候，唐先生的痛切之感，實在比顧黃王之遭逢明朝亡國，還更爲深沉而悲愴。

不過，唐先生說：共產力量雖然很大，但是，「我們不當震懾」。因爲人類不但能夠形成偉大神聖的理想，而且還具有實現理想以謀自救的「神性的力量」。馬列共黨否定一切，我們就應該反他這個否定，而從正面肯定一切光明的價值。我們要以絕對的肯定，來代替他們絕對的否定。

他們只從遙遠的共產天國看光明，我們則從整個的人類歷史，從當下的人間社會，都能看出光明之逐步實現，而且能從未來看出人類更大的光明。

他們把自然宇宙、歷史文化、人間社會中的一切，都看成是矛盾的、衝突的。我們則能看出其中並沒有本質性的矛盾衝突，而可以互相照映、互相證明，在和諧中相資相益、互助互成。這是數千年來的聖賢、哲人、先知、學者、詩人、社會改造家，以及無數有理性、有情感、有良知的人，所共同認可的眞理。

唐先生指出，我們要發揚人心之仁，眞實地「愛人性、愛人間、愛人文世界、愛人格世界、愛歷史、愛自然、愛神靈、愛家庭、愛國家、愛自由民主、愛一切有價值、合理想的事物，而且要愛良心所作的一切判斷」。仁愛之心是普照的陽光，所以能使一切所愛者也顯出光明而相映相照、相益相成。有光就有熱，有熱就有力。人類自救的「神性的力量」，曾經通過孔子、釋迦、耶穌以及一切聖哲而顯發，也同時存在於自由世界與極權世界全體人類的良心之中。只要人心不死、人性覺醒，而擴充出來，隨時都能「天地變化草木蕃」。而當前這個時代，也正可成爲「人類的創世紀」。

四、從西方宗教的限制反顯東方的智慧

在西方文化中，最能顯示天下一家之理想的，是基督教。但可以作爲「天下一家、人類和平、文化悠久」之精神基礎的，還有基督教以外的文化宗教。以基督教與其他文化宗教相比對，

可以發現基督教最爲特殊之處，是獨生子和三位一體的教義；而基督教也正是根據這種教義而自稱是「唯一由上帝直接啓示」的宗教。順此意思，唐先生乃指出（《重建》書，頁四七二起）——

㈠印度《吠陀》、回教《可蘭經》，乃至日本神道教，也都有天啓的觀念。基督教如果以他人之啓示為妄，便不免有獨佔上帝啓示之嫌。如果更以異教徒在末日審判時當入地獄，則表示基督教不能對一切人平等相看。如果說：「信基督者可升天堂，不信者必入地獄」，則所謂神愛世人之愛，也同時可以成為恨之根；基於那種愛來講和平，則和平也同時可以成為戰爭之母。

㈡基督教雖講普遍的人類愛，但基督教的直接目標是人死後之得救升天，而並不在於人文世界之開展以成就人格世界之相互感通。依奧古斯丁以來之正宗基督教思想，上天堂者永得福樂，入地獄者永遠受苦，而上帝又永不賜恩於地獄中人。如此，則上帝之救贖有了拘限，而不能成為悠久無疆的事業。

以上二點意思，顯示基督教的教義有所限制。而印度婆羅門教，則以爲一切人類皆可直接見上帝（所以甘地表示，他不能相信「只有通過耶穌，人才能升天」這種說法）；佛教也說一切衆生皆可自覺以成佛；儒家更在敬天之外，同時崇敬人格世界的聖賢與人間世界的祖先，並相信人皆可以爲聖賢，而念念以「通古今之人文，開萬世之太平」存心；如此，豈不更能顯發「廣大和平、悠久無疆」的人文宗教精神！

總起來看，西方文化與基督教，在如何「致天下之和平、成人文之悠久」這件事上，的確有其根本上的限制。而中國先秦諸子，則一直用心於如何「和天下」、「安天下」、「定天下」、「平天下」、「治天下」、「均調天下」。儒家尤其喜言「可大可久」之道，以期「天地交泰」、「萬物並育」、「協和萬邦」、「萬國咸寧」。至於印度思想，則特重慈悲忍讓，而甘地之獨立運動，也仍然採取和平的手段和方法。中印兩國先哲所開示的「道德宗教之智慧方向」，以及中國人「日常社會文化生活」與「人文悠久、人類和平」之關係，唐先生皆有專章加以論述（見《重建》書，頁四八一至五一五），茲可勿贅。

五、從宗教抉擇了解唐先生的終極關懷

唐先生在〈我對於哲學與宗教之抉擇〉一文中，說出了他對宗教的抉擇（《重建》書，頁五八一起）。他首先指出，各種宗教的高下偏全，不能單單以某一教的教義作標準來判定其他的宗教。也不能以上帝的話作為標準，因為上帝並不直接說話，而是通過代言人來說話。而要證明什麼話眞為上帝所說，還是要有一個人間的標準，這個標準就是「人的良知」（以及良知所統率的純知的理性與經驗）。因為當人們相信某一宗教的教義時，他自己的良知必先認可他的相信。因此，在實際上，人們是先肯定良知的存在，再以良知作標準來判斷或抉擇宗教信仰。

依據良知的標準，唐先生作了下列的陳述：

1.一切高級宗教中的超越信仰，都是由於人之⑴要求生命的至善至眞完滿永恆，⑵要求拔除一切罪惡與痛苦，⑶要求賞善罰惡以實現永恆的正義。而依照人的良知，可以承認這些要求都是人心所應當有的要求。

2.宗教中所講的上帝、阿拉、梵天，在究竟義上，都不能和人的良知隔離爲二。如果爲二，則此二仍須通過良知之肯定，而此肯定又使二通而爲一，或使二者成爲不隔離而相保合的關係。基督教以爲人心受原罪汚染，而與天心（上帝）相隔離；佛教講如來藏眞常心，而又以吾人平日之心皆爲染心而在纏；二者都不免重在超化當下之心，而不重在直接承擔此當下之心的善根。只有中國的儒教，肯定人只須反身而誠，卽可袪除染心罪惡心之障蔽，以證現至善之本性，證現良知本心。必須肯定人同此心，心同此理，而後乃能舍去名相之異與工夫方法之異，以通達於一切宗教之所同，而使之相容並存。

3.基督教把人升天以後的生活看做是上帝的奧秘，不可說；佛教則對超凡入聖的境地，分列層次而加以講說。就講明修行所證得的超世間之果德而言，基督教不如佛教；但基督教要上帝之國來到世間，而教徒也能重視在世間作社會福利之事業，就此而言，佛教又不如基督教。

4.基督教謂末日審判後，入地獄者卽永遠受苦，永遠不能自己懺悔以蒙受上帝之恩救。如此，則無異否定「良知可以自動顯發以悔罪改過」；而上帝之愛也遂不足以與佛度衆生之慈悲相比並。

5.人之超凡入聖的路道，不應只有一條。而所謂「上帝之啓示」，在眞實的體證中，也不應與「良知之眞覺悟」或「發菩提大悲心」有本質上之差別。然則，基督教主張只有信耶穌才可升天得救，便不免成爲「排他之救度說」，而並不眞能致廣大。

6.基督教不直接以上帝爲救主，而以耶穌爲救主，是因爲耶穌兼具神人二性。崇拜具有人性之聖子耶穌，是表示能夠「祀神如祀人」，但還沒有達到像儒家祭祖先祭聖賢之能「事人如事神」。同時，在基督教的神人關係中，對人之良知的尊重與肯定，也嫌不足。「尊天而卑人」，不免使人失其高明。唯儒者之「崇法天、卑法地」，既教人於禮上謙卑，又教人於智上高明，這才是道德宗教的極致。所以一個完滿的宗教，不僅應該「事神如有人格」，也必包含「事人如有神格」，乃能成就「天人並祀」的新宗教精神。而儒家三祭之禮，正可以融通各大宗教而使之各得其所。

7.要想成就新宗教精神，積極方面必須復興儒教「致廣大」的精神，消極方面必須各宗教徒依於自己的良知來解除他們教義上的偏執。因爲：⑴宗教的良知，希望一切人格皆得救，必不忍有永恆地獄之存在。⑵宗教的良知，覺知上帝之愛無所不及，必不忍見到上帝之啓示受限制，而只能及於自己的教主。⑶宗教的良知，相信上帝之愛無所不在，必廣開天國之門，而願啓示其自己於一切有宗教意識之人。

8.耶穌本人，並沒有明白否定上帝之啓示可以及於異教。猶太教之上帝雖嫉妬人崇拜別的神，但《新約》中之上帝並不如此。而宗教史家也大多不認爲耶穌曾經自稱是上帝的獨生子。基督教之成爲不寬容而排他的宗教，可以說是「人爲之過」。因此，基督教內部判爲異端的某些主張，有如一切人皆可得救，有限之罪不當受無限之罰，取消永恆地獄，以及主張在形式的教會之外，應該有精神的教會以肯定不受洗、不入教堂的人也可入天國。凡此，皆可依循人的宗教良知而給予承認，使耶穌的精神更能發揚出來。

以上是唐先生對於宗教教條或宗教信仰之抉擇。照唐先生的意思，世界各大宗教，都應該一方面承認其他宗教的價值，一方面自己主動修正與人類良知相違背的那些信仰教條，而專心致力於發揮與良知相合的教義。這樣，才是人類宗教精神的眞正發揚。同時，這也就是唐先生終極關懷的核心所在。

六、從心靈九境層次之判以見唐先生的生命格範

《生命存在與心靈境界》，是唐先生最後的著作，也是一部總結性的書。他這部書的講法，其實就是一種判教的工作。「判教」是最高的學問，佛教方面有天台宗和華嚴宗的判教，而今天我們所面對的，是古今中外各種形態的「文化、宗教、哲學」交會激盪的局面，這個時候，正需

要一個新的判教，來「別同異、定位序」，以建立綜攝融通的基準和軌轍。

我曾多次提到，在中國文化和儒家之學衰微之極的今天，我們非常難得也非常榮幸，有二位哲學界的前輩先生不約而同地做了比天台華嚴更爲深廣的判教（台嚴判教只及於佛教內部），這就是唐先生和牟先生。牟先生是採取較爲精約而集中的方式，就人類文化心靈最高表現的幾個大教來說話（請參閱《佛性與般若》、《現象與物自身》、《圓善論》三書）。唐先生則是通觀文化心靈活動的全部內容，以分判人類文化中各種學門知識、學術思想，以及幾個大教所開顯的心靈境界。這是一種廣度式的判教，可以說是前所未有的。

唐先生這部一千二百頁的巨著，總起來說，一方面是在於解答形上學與知識論所引生的種種問題，一方面是依循生命三向而開出心靈九境。

所謂生命三向，是指生命心靈的「前後向、內外向、上下向」。⑴前後向的「順觀」，以「觀體」爲主；⑵內外向的「橫觀」，以「觀相」爲主；⑶上下向的「縱觀」，以「觀用」爲主。而這三向三觀又交互相通，所以也未嘗不可會合而爲一。由生命之三向而開出下列的心靈九境。

甲、初三境——第一個是觀個體世界的「萬物散殊境」；第二個是觀類界的「依類成化境」；第三個是觀因果界和目的手段界的「功能序運境」。這初三境重在客體，都屬於「覺他境」。

乙、中三境——第一個是觀身心關係和時空界的「感覺互攝境」；第二個是觀意義界的「觀照凌虛境」；第三個是觀德行界的「道德實踐境」。這中三境是以主攝客，都屬於「自覺境」。

丙、終三境——第一個是觀神界的「歸向一神境」（神教境）；第二個是觀一真法界的「我法二空境」（佛教境）；第三個是觀性命界的「天德流行境」（盡性立命境——儒教境）。這終三境超越主客之相對，都屬於「超自覺境」。

至於全書的歸趨，則不出「立三極」（人極、太極、皇極），開三界（人性世界、人格世界、人文世界），成三祭（祭天地、祭祖先、祭聖賢）。唐先生特別指出，儒家三祭之事，並不在於祈福，而乃是本乎仁義之所當爲，以順通吾人之性情，來建立人道的至極。（至於一般之宗教，則猶未脫巫道而志在求福，不免使「人道」倒懸於「神道」，而以宗教凌駕於人文世界之上、離越於人文世界之外。）

唐先生這心靈九境之分判，對人類全部文化的活動，皆依其「次序之先後、種類之異同、層次之高低」，作了適當的衡定。在他七十年的人生過程中，舉凡立身處世、爲學做人，以及他的道德意識、民族意識、歷史意識，還有文化事業的意識，全都凝結在他深厚的文化意識之中而昭顯出來。

文化意識的表現，本是各大文化系統之所同，但中國以外的其他幾個大的文化系統都是以宗教意識爲主導，只有中國，順由宗教人文化而開闢出「文化意識宇宙」。這是由夏商周三代的文質損益，再通過孔孟內聖外王之道而開闢出來的。孔孟以後，中國歷史的發展儘管有許多曲折，卻始終未曾逾越這個文化生命的範宇。宋明理學家是這個宇宙中的巨人，明末顧、黃、王，也是這個宇宙中的巨人，唐先生則是我們現時代這文化意識宇宙中的巨人。唐先生所完成的這一個生命的格範，對他自己而言，固足永垂不朽，而對中華民族文化生命之豁醒，尤其具有鼓舞與發的作用。

柒　牟宗三先生的思想及其對文化學術之貢獻

一

楊社長、陳董事長、諸位先生女士和青年朋友：

牟先生的思想以及他對文化學術的貢獻，一般說來，我們都有大體共同的了解。我要講的意思，也都是大家所熟悉的。只因爲我對牟先生的學思和著作，曾經做過較爲全面的介述，所以就順便安排我來擔任今天的專題演講。但時間所限，也只能概略講一講。

牟先生自己說過，他這一生的努力，可以說是「爲人類價值的標準和文化的方向而奮鬪」，而這個奮鬪的意義，總結一句話，就是爲了「申展理性」（見《時代與感受．自序》）。換言之，牟先生一生致力於理性的申展，其最大的目的，就是要建立人類價值的標準和開顯人類文化的方向。牟先生這一個表白，是可以從他的學思歷程和全部著作來作印證的。

今年五月，在他八旬晉一的壽宴上，牟先生也說了一番話，其中有一句，說他從大學讀書以來，五六十年之中，只做一件事情，就是「反省中華民族的文化生命」以期「重開中國哲學的途徑」。這句話，不但很本分，很眞實，而且誠摯感人。

二

牟先生在大學時期，順著當時的時風學風，對柏格森的創化論，杜里舒的生機哲學，杜威的實用主義，達爾文的進化論，都曾加以注意，而引發思想的興會。而通過課程聽講，又接上了羅素哲學、數理邏輯、新實在論等。在課外自己進修方面，他先讀《朱子語類》，引發了想像式的直覺解悟，對於抽象玄遠的義理，具有很強的慧解。接著讀《易》，讀懷悌海的哲學著作。讀《易》的成績是《周易的自然哲學與道德函義》（原名《從周易方面研究中國的玄學與道德哲學》）一書之寫成。讀懷悌海的結果是使他從美感與直覺而觸及生命，再由回向生命、正視生命而觸動心靈、正視心靈，這就造成一個契機，使他由外在化再提升起來，而向內轉。所以在大學畢業以後，牟先生的學思工夫乃形成雙線並行的歷程：

一是從美的欣趣和想像式的直覺的解悟，轉入「爲何、如何」的架構的思辯（這是他四十歲以前的主要工作）。二是從外在化提升起來，而向內轉以正視生命（這是他四十以後步步着力而持續的發皇）。

牟先生對邏輯發生興趣的觸機，是起於他不能理解當時講唯物辯證法的人，爲什麼要大肆攻擊形式邏輯和思想三律。順著這個困惑，而引發他對邏輯的思考。他認眞地讀羅素和懷悌海合著的《數學原理》，經過步步的審查和辨識，確認各種表達邏輯的推演系統並不表示任何內容，而只是「純理自己之展現」。「純理自己」一詞之提出，一方面保住了邏輯的自足獨立性，一方面也保住了邏輯的必然性與超越性。

經由邏輯之定然性的確認，而恢復邏輯之大常，於是歸宿於「知性主體」而證見「超越的邏輯我」。這樣，便可扭轉近世邏輯家對邏輯數學的解析，以接上康德的途徑，而重開哲學之門。這是從「是什麼」推進一步，而再由「爲何、如何」以探本溯源。換言之，是由邏輯分析所成立的平面之系統，進到由超越分解之架構思辯所成立的立體之系統。這樣，才算進入哲學的堂奧。這一步學思工夫，是牟先生大學畢業之後到四十歲以前的主要工作。他的成績是兩部大書，一是三十二歲完成，次年出版的《邏輯典範》，二是四十歲完成，再經七八年之後方得出版的《認識心之批判》。

牟先生認爲，康德的《純理批判》和羅素與懷悌海合著的《數學原理》，是西方近世學問中的兩大骨幹，他常自慶幸能夠出入其中，得以認識人類「智力」的最高成就，得以窺見他們的廟堂之富。他還指出，人類原始的創造的靈魂，是靠幾個大聖人（孔子、釋迦、耶穌）。但大聖人的風姿是沒有典要的，其豐富不可窺測，其莊嚴不可企及，只有靠「實感」來遙契。而學問的骨幹則有典要，典要的豐富是可以窺見的，其骨幹的莊嚴也是可以企及的。通過學問的骨幹以振拔自己，才能盡己以自立，以承擔文化學術與家國天下的責任。牟先生以十多年的奮勉，持續不懈，鍥而不舍，以究竟了義爲依歸，而扭轉了羅素的歧出，照察了康德的不足，進而予以融攝與證成。這其中所顯示的弘卓的哲學器識，對於失去獨立精神的中國知識界而言，實在是一種莫大的鼓舞和激勵。

牟先生在訓練架構思辯的過程中，雖然只是純智的，和現實了不相干；但遭逢大難，國家多故，又豈能無動於衷？所以，四十歲以前，他一方面是在純理智的思辯中，另一方面也一直在家國天下歷史文化的感受中。

三

由於對時代不斷的感受默察，漸漸體會了時代的風氣，學術的風氣，知識分子的劣性，家國天下的多難，以及歷史文化的絕續。這一切，引發了牟先生客觀的悲憫之情。由客觀的悲情，而引進到架構思辯以外的、另一線的義理。而他接觸這一線義理的最初機緣，是在大學三年級時遇見了熊十力先生。在熊先生那裏，他立刻嗅到「學問與生命」的意味，而一個「自己未曾企及」而「須待向上企及」的前途，也隨之而顯示出來。從此開始，他對熊先生那原始生命的光輝和風姿，家國天下族類之感的強烈，以及熊先生直通「華族文化生命觀念方向所開闢的人生宇宙之本原」而抒發義理與抒發情感的風範，都在十多年的薰炙之中而獲得眞切而且親切的感受。牟先生確認，時代精神與學術風氣，都是生命的表現。但我們不能只看生命本身，而必須透到那潤澤生命的德性，以及那「表現德性」或「不表現德性」的心靈上。在這裏，便有學問可以講。這裏是一切道德宗教的根源。

但在五十歲以前，牟先生還沒有順著熊先生的薰炙啓發，直接去從事德性學問（心性之學）的積極講論。因爲一個前古所未有的國家民族之大難，歷史文化之大刧，壓下來了。這就是民國三十八年大陸的赤化，中華民族淪陷於馬列唯物的魔難之中。這一個天崩地塌的感受，比顧亭林「亡國、亡天下」之痛，還要更深更切。

在天地蒼茫之中，牟先生在廣州市郊黃氏觀海樓拜別熊先生，而隻身渡海來臺。二十餘年之後，有一次他說到當時的心情，在感懷萬端之中有三個原則默存於胸：一爲文化反共。視中共及其所持的馬列意識形態爲中國文化之頭號敵人。二爲孔子立場。凡尊重孔子者，皆可合作而相與爲善；凡貶抑詬詆孔子者，必反擊之。三爲支持中華民國，反對中共篡改國號。對於國民政府，則盼望其有爲，樂觀其有成；願作善意之督責，不取「訐以爲直」之批評。這三個原則，牟先生在數十年中持守甚緊，無稍改變。

那個時候的臺灣，風雨飄搖，危機重重。牟先生由客觀悲情之昂揚，轉而爲對歷史文化之具體的解悟，乃發憤疏導中華民族文化生命的「本性」、「發展」與「缺點」，以及今日所當表現的形態，進而決定民族生命的途徑。這是由「大的情感」之凝斂，轉爲「大的理解」之發用。他一方面寫《歷史哲學》以專其心，一方面隨機寫文以暢其志（後來輯爲《道德的理想主義》），接下來再寫《政道與治道》。這三部書有一個共同的基本用心，是卽：本於中國的內聖之學，以解決外王事功的問題。牟先生以爲，⑴在政治方面，必須在治道之外，再開出政道，以完成近代意義的民主建國之大業，這樣才能樹立國家民族足以貞正自立的鋼骨。⑵必須疏通中國文化生命之發展，透顯知性主體，開出知識之學（邏輯數學與科學），藉以極成「開物成務」的外王事功之大用。

牟先生指出，孔孟所印證的「怵惕惻隱之仁」（不安不忍、憤悱不容已的道德心性），卽是價值的根源，理想的根源。「道德的理想主義」一詞，卽直就此義而說。這怵惕惻隱之仁，也是了悟性命天道的機竅，儒家的人性論卽直接由此而建立。而人性論的時代意義與文化意義，便從對治共黨的唯物論與對治馬克思的人性論而顯出。這是怵惕惻隱之仁第一步的衍展。再進一步，便是「踐仁」的過程，在這裏，有家、國、天下（大同）以及自由、民主、道德、宗教之重新肯定。這一步肯定，既用以對治共黨之邪僻，也是爲這個虛無低沉（無理、無力、無體）的時代樹立一個立體的綱維。在綱維樹立之後，便可以隨時照察，隨時對治，進而還必須隨時提撕，隨時調適，以極成這個綱維。因此，「道德的理想主義」又必然涵著「人文主義之完成」。依據這個極成的義理綱維，以開出文化發展的途徑，充實民族文化生命的內容；牟先生乃提出三統之說：一是道統的肯定，這是內聖成德之教的承續與光大。二是學統的開出，這是由民族文化生命轉出知性，以開出知識之學，來融納希臘傳統。三是政統的繼續，這是確認政體發展的意義，以肯定民主政治的必然性。二三兩項合起來，就是儒家的新外王，也是中國現代化的兩大綱領。

四

牟先生在今年鵝湖社出版的《五十自述》序文中，有云：「學術生命之暢通，象徵文化生命之順適；文化生命之順適，象徵民族生命之健旺，民族生命之健旺，象徵民族魔難之化解。」最後還引孔子「學不厭，敎不倦」的話，提示「學思」與「實感」之不可以已。而他五十歲以後的學思與著作，便正是《五十自述》書中那些「實感」一步一步的展露和發皇。

《歷史哲學》等三部書，旣是本於內聖之學以解決外王之問題，則其所本的內聖心性之學的義理，自然不能不重新予以全部之展露。是即所謂「徹法源底」，以見其究極，明其旨歸。

在赴香港講學之前，他在東海大學開始撰寫《才性與玄理》，以展現魏晉一階段的玄學系統，到香港之次年，全書完稿。接著又疏導宋明六百年之儒學，費八年之心血，在六十歲那一年完成《心體與性體》三大册。牟先生自己說，這部書是他寫作的高峯，幾乎耗費了他一半的生命力。其中最困難的部分，是二程文獻的分疏，和朱子義理的衡定。這兩步工作的完成，使得宋明理學的思想脈絡、義理綱維和系統分判，都可以獲得理解的根據和表述的線索。但《心體與性體》只寫到朱子、陸王以下，要再過十年，才又寫成《從陸象山到劉蕺山》一書出版，事實上就是《心體與性體》的第四册。之後，又撰著《佛性與般若》，以詮表南北朝隋唐階段的佛學，這是牟先生自己感到最滿意的一部書，客觀地說，也是對中國吸收消化佛教的過程和意義，疏導詮解最爲深入精透的著作。

魏晉玄學是道家的智慧，宋明理學是儒家的義理，而南北朝隋唐的佛學，雖然來自印度，但經過中國人的吸收消化，也已成爲中國文化、中國哲學的一部分。這三個階段的學術思想疏解清楚了，中國全部學術的綱脈便隨之而通體朗現，而儒釋道三教的義理價值，以及中國哲學史演進發展的關節脈絡，也可以據之而獲得相應的了解和通貫的講述。

五

在《佛性與般若》持續七八年的撰著期間，牟先生也同時翻譯了康德的《純粹理性批判》與

《實踐理性批判》，並先後寫成《智的直覺與中國哲學》、《現象與物自身》二部書。

《認識心之批判》，是就康德哲學向邏輯數學方面伸展的一套，予以修正和改造。而《智的直覺與中國哲學》則進而對康德哲學向形上學方面伸展的一套，再重新加以疏導。其中有二個要點，一是抉發中國儒釋道三大教所含的智的直覺之意義，以證成「人可以有智的直覺」。二是順著康德「超絕形上學」的領域，開出康德所嚮往而卻未能建立的「道德的形上學」。牟先生認爲，這才是建立「基本存有論」的正路。

至於《現象與物自身》一書，則可以視爲牟先生學思的綜結。他依於中國哲學傳統與康德哲學之會合，而激出一個浪花，以見出中國哲學傳統的意義和價值，以及康德哲學的不足，因而寫成這部書來陳述他完整通透的系統。先由人的道德意識顯露「自由無限心」，由此而說「智的直覺」。自由無限心是道德的實體，由此而開「道德界」；它又是形上的實體，由此而開「存在界」（此存在界之「存在」，是「物之在其自己」（物自身）之存在，是物之本來面目，物之實相。故「物自身」乃是一個有價值意味的概念，而不是事實的概念）。進而，(1)由自由無限心之開存在界，而成立一個「本體界的存有論」（無執的存有論）。在這裏，是以儒家的正盈教，會通佛老的偏盈，與西方的離教，建立上達天德之路，以成聖、成佛、成眞人。(2)再由自由無限心（知體明覺）之自我坎陷而開出「知性」，由「識心之執」執成現象，而成立「現象界的存有論」（執的存有論）。在這裏，是以佛家「執」的觀念來融攝康德所說的現象界，並以康德之學

（純理批判分解部）充實這個「執」，來凸顯「知性主體」（識心、無限心），以開出科學知識。哲學家依於各大聖哲的智慧，疏通而爲一，以成立兩層存有論，並通而爲一個整一的系統（哲學原型）。這就是哲學家最積極、亦是最高的使命（對於此一積極路數的陳述，牟先生綜爲七點，見《現象與物自身》頁四六四至四六九）。

六

就純粹「學思」而言，《現象與物自身》的講論也已通達究竟，但就實踐的嚮往與境界而言，則可以從圓教看圓善，以使「無執的存有論」更爲眞切，亦卽使哲學原型那個整一的系統之圓成，更爲眞切。因此，牟先生繼《現象與物自身》之後，又在七十六歲之高齡，寫成《圓善論》一書，以代表哲學系統之究極完成。

牟先生依於圓教的義理，以天台判教的智慧爲準，先疏通向秀郭象注莊子而確立道家之圓教，其次疏通儒學發展到王學的四有四無，再回歸於程明道的一本和胡五峯的同體異用，而確立儒家的圓教。圓教確立，用於圓善，則可以獲得「圓善」之圓滿而眞實的解決。依牟先生——

(1)我們如果不能洞曉道家「無」之性格與佛家「般若」之性格的共同性，則不能解除後世儒者對於佛老之忌諱（此一忌諱，對儒家義理之充分開發，造成很大的障礙）。

⑵我們如果不能了解儒家是「縱貫縱講」的創生系統、佛老是「縱貫橫講」的非創生系統，則不能證立三教皆有「智的直覺」之肯認；此而不能被肯認，則將致使三教之宗趣自相刺謬。

⑶我們如果不能證立三教無限智心既是成德之根據亦是存在之根據，則必不能預規圓教之規模，因而圓善之可能亦將不可得而期矣。

⑷我們如果不能了然於「分別說」與「非分別說」之足以窮盡人類理性之一切理境，而非分別說又有屬於「無限智心之融通淘汰之作用」者，亦有屬於「存有論的法之存在」者（即，有縱貫縱講者，亦有縱貫橫講者），則不能了解何以必在兩義兼備的「非分別說」中來成立圓教，因而亦不能了解何以必在此究極圓教中始能得到圓善問題之圓滿而眞實的解決。

《圓善論》書中的講說，是牟先生經過長途跋涉、披荆斬棘，而依於義理之必然而達到的。其中主要是經過《才性與玄理》、《佛性與般若》、《心體與性體》、《從陸象山到劉蕺山》各書對儒釋道三教之詮表，拿來和康德之學作比對，才達到這一步義理必然的消融。牟先生在自序中說到，他很慚愧不能像康德那樣，「四無依傍，獨立運思，直就理性之建構性以抒發其批判的哲學」；他只是「誦數古人已有的慧解，思索以通之」。然而，由於持續積學運思的學知工夫，亦不期然而終能達到消融康德之境，而使之「百尺竿頭，更進一步」。於此可知，「概念之分解、邏輯之建構」，和通過古人文獻「誦數以貫之，思索以通之」；這二種「絕異」的途徑，實又可以趨於一種「自然之諧和」（當然，在學思的過程中，必須隨時有批判與抉擇，乃能使每一個概念得其正位）。

七

講到這裏，我想把香港大學哲學系教授兼系主任（F. C. Moore 博士），在牟先生七十九歲接受香港大學榮譽文學博士學位的典禮上，所作的一篇推介詞，選幾段來唸一下，他說：

> 牟教授由儒家的心性之學作起點，建立一套形上學的思想，他名之曰：「道德的形上學」；亦可以說，他為一個超越義（非內在義）的形上學系統，提供了道德的證明。這一個勇敢而有原創性的思想線索，具有深遠的成果。在牟教授看來，傳統的儒家道德哲學是內聖之學。但他亦發展出其自己的外王之學，由儒家的起點產生一政治哲學，並維護民主政體以及尊重科學。牟教授關於政治與社會秩序的看法，實形成他思想的重要部分，蓋因他視哲學為一基本地實踐的學問之故。
>
> 牟教授因完成許多權威性著作而著名，特別是關於中國哲學之解釋，如魏晉的玄理，宋明的儒學，以及南北朝隋唐的佛教，皆曾寫成專書以明之。關於歷史哲學，他對早期中國歷史供給了一個黑格爾式，而且是反唯物論的解釋。又依據西方思想與中國思想，集中於「智的直覺」之觀念而作了一些綜和的研究。他對知識論與邏輯哲學皆有著作，對於康

德的興趣仍然繼續著，並對康德著作做了確定性的翻譯。他的學術研究之廣濶，他的觀點之深遠，他的同情與理解之範圍，他的態度之友善，凡此等等，皆反映於他的許多學生、同事，及仰慕者對他之尊敬。

在他最近出版之《圓善論》中，牟教授討論了自柏拉圖以來研究哲學之人所熟知的「德與福」之間的關係。他爭辯說：我們不能接受伊辟鳩魯「福就是德」的觀點，也不能接受斯多噶「德行卽是自己的福報」的觀點，他也不能接受康德的解答。依康德的解答，上帝將因著懲罰與酬報之平均分配，來保證宇宙的公道。我們想要了解牟教授的解答，就必須讀他的《圓善論》。

校長先生，詩人豪芮斯（Horace）早就宣說，人類天才的成就，比一塊黃銅紀念碑要更為永久。因此，在我確認牟宗三教授的成就之後，把這位理論與實踐的知識之維護者，以其弘揚儒家傳統的權威性之著作，復又以其提倡西方哲學研究之重要性揚名於世者，一個經歷過長期心靈前進的人，出身是農家而職業是學者，是學問之友朋、生命之愛護者，信仰於幸福與德行者，這樣一位哲學家，推薦給您，以便頒贈以榮譽文學博士之學位。

我之所以選唸這幾段推介詞，是因爲他所說的話，是出於客觀的理解，客觀的評判，它沒有中國人主觀情結的夾纏，也沒有師友情誼、敬愛維護的嫌疑，它代表一個國際性的客觀公正的肯定。

八

牟先生這八十年來學術生命之發皇，對文化學術的重大貢獻可以歸爲五點：

1. 闡揚內聖心性之學的義理：這不只是就儒家而言，也包括道家和佛教。牟先生在這方面的貢獻，應該說是超邁前修，而又可以垂範於將來。
2. 開展儒家外王學的宏規：在政治方面，使「仁政王道」的政治規模，開顯一步，而從第二義的制度（治道）升進到第一義的制度（政道）之建立，使聖君賢相的政治理想，落實於客觀的法制，以完成民主政體的建國。在事功的要求方面，必須從德性主體轉出知性之用，以發展出科學知識和實用技術，使「開物成務、利用厚生」的古訓眞正落實，以達到具體的效益。這兩方面的充實開擴，卽是儒家新外王的基本義旨。
3. 抉發中國哲學思想中所函蘊的哲學問題：這主要見於《中國哲學十九講》的講述，和《中國文化中義理開創的十大論辯》之提示。
4. 疏導中西哲學會通的道路：這主要見於《中西哲學之會通》（卽將由學生書局出版）十四講的講論。其中一個中心的意思，是借用《大乘起信論》的「一心開二門」，作爲中西雙方會通的哲學間架。眞如門相當於康德的智思界，生滅門相當於康德的感觸界。中西哲學同樣都是開二門，但各有輕重。對於順此而來的種種問題，牟先生作了層層之比對與深入透闢之疏解，而最後的融通，則見於《圓善論》之講述，以及即將撰寫的《眞美善之分別說與合一說》。

5. 暢通中國哲學史開合發展的關節脈絡：一部好的中國哲學史，含有二方面的要求，一方面是對各家各派哲學思想之客觀相應的理解。另一方面是各階段哲學思想開合演進的關節及其意義之衡定。對這兩方面的疏解和衡定，牟先生的貢獻也同樣鮮有倫比。

最後，我想再說兩個小故事，這是我在牟先生的學思年表中沒有提到的。

第一個故事，是抗日戰爭時期，牟先生在重慶北碚熊先生那裏，有一位老先生對他說，你要學宋明理學，就必須學習「靜坐」。牟先生回答說，靜坐，並不能增加我的道德感，如何能對了解宋明理學有所助益？這一個回答，簡易直截，一句話便鞭辟入裏，直探本根。宋明理學本來就是以「道德意識、文化意識」爲本根。至於靜坐不靜坐，實在無關緊要，最多也不過是無可無不可。如果你想靜坐一番，也無所謂，但如不能回歸道德心性，以加強你的道德感，你就根本不可能接觸宋明理學的眞髓。

第二個故事，也和工夫有關。牟先生講儒學，講理學，但他的生活是很隨意的，沒有世俗的循規蹈矩，他到底如何做工夫呢？三十多年前他說過，他不做工夫，只做一個「開朗」。其實，開朗就是牟先生的工夫。敞開生命，讓它呈露在理性的陽光之下，使是非、善惡、誠僞、正邪，無所遁形。於是，生命中沒有黑暗的死角，沒有自私的隱曲。這正如孔子所說：「二三子以我爲隱乎？吾無隱乎爾。吾無行而不與二三子者，是丘也。」如此看來，牟先生這個「開朗」的工夫，恰好是「尼山之規矩，孔門之正傳」。

我的講話到此爲止，謝謝諸位。

講於七十八年十二月三十日第八屆鵝湖論文研討會

丙篇　現實關懷與文化反思

壹　爲義乎？爲利乎？

——從知識分子的「心習」說起

辨義利，是孔孟留下來的老題目，但卻永遠含有新的意義。

俗諺有云：「爭利於市，爭名於朝」。其實，正當利得的「利」，實至名歸的「名」，並不與「義」相違背。所以，「合義」的名利，不但是可能的，而且應該是政界和工商企業界自我期許的標準。不過，本文討論的重點並不在此。我們所特別關切的，是知識分子的心習。

現代的知識分子，喜歡放言高論，而鮮有眞知灼見。無論保守的、趨新的，似乎都欠缺生命的眞誠和學術的定見，而只是競時尚，隨風轉。這種趨利背義的心習，已經成爲文化學術正常發展的致命傷。

一個學者，既可認同古人或今人，也可對古人或今人立異。而問題並不在學術主張的異同，而在於所以異同之故。如果所據以認同或立異的態度，是本乎學術之公，他就是爲義的立場；如果他的主張只是黨同伐異，以圖自便，當然就是爲利了。

再如大學的教師，如果他能持守「對學生負責，對學術負責」的態度以從事教學與研究，就是為義。如果他的教學只在敷衍校方，討好學生，他的研究只是為了要拿研究費，他的著述只是為情勢所逼而不能不出版一本書；如此便不免落到為利的層次。雖然教師的教學績效和研究成果，理當得到社會和政府的報償或獎勵；但無論如何，教學的目的與研究的動機，只應該是為了作育人才和弘揚學術，而不應還有其他的動機和目的。

中共文革之時，批孔揚秦；知識分子尋聲應響，也一窩蜂地貶斥孔子，批鬬儒家。那當然是政治的原因，與學術搭不上關係。到文革結束，中共的繩網不得不漸次鬆開，近年來，北平有了孔子研究會，曲阜有了孔子研究基金，聽說明年還要召開國際性的儒學會議。到時候，大陸學界自然也會轉而為孔子和儒家說些好話。如果言能由衷，論能當理，自可算是為義的表現；若只是隨風轉舵，敷衍場面，就不免仍是附炎趨勢的為利行徑。

反觀臺灣，在孔孟學會成立之前，曾有幾人講述孔孟？在中華文化復興運動推行之前，又曾有幾人講中國文化？誰是一貫地本乎學術眞誠而講說孔孟儒家的？誰又是順勢投機、為求自利自便，才擠出來為儒家和中國文化作啦啦隊的？只要稍加考察，就立即明白誰人為義、誰人為利了。

當然，原先反對中國文化的人，也可以回頭來了解和宣揚中國文化。問題只在你是否本乎學術之公？是否出於知識之眞誠？學術風氣，亟待端正。而端正的樞紐，正在於「為義乎？為利乎？」這一念之間的抉擇。我們敬重持正為義的誠士君子，鄙視文化學術界的為利之徒。

七十五年十二月《中國文化》月刊八十六期短評

貳　三種心態與兩種習性

——簡評學風與時風

中國向來重視「士風」。而「士先器識」，尤為千古明訓。但晚近以來，士習日漸卑瑣，鮮有卓犖正大之氣與天行昂揚之德，而眼前知識分子的心態與習性，尤其令人憂念。玆略述所感，願與有志者共戒共勉。

先說三種心態：

一曰看重名位，忽視人品：孟子有言：「賢者在位，能者在職。」若非賢能，則不宜在位在職，所以古賢乃有「唯名器不可以假人」的告誡之言。名位雖是虛，但人可假名位以用事，君子假之以行善造福，小人假之則為惡造禍。故看重名位，可；但若只重名位而忽視人品，則不但世俗之人只見名位之可尊，不知人品之可貴；而為士者，亦將日漸不修人品而名位是競矣。而今之知識分子，正普遍地顯示此一心態。此其可憂者一。

二曰看重表演，忽視實學：實學內蘊，常不易顯露於外，尤其不適於表演，而善於表演者則未必具有實學。此理甚明，不煩例證。今人既重名位，自必千方百計以爭逐之。於是，演藝界所尙之「做秀」伎倆，亦遂成爲知識界獵取名位之手段。志在做官者，固無論矣。而學界人士，亦竟漸漸顯露此種心態。常見有人喜在學術研討會中爭先發言，若是切磋所學，交換所見，自屬佳事。而可怪者，其言既不涉於學術，而所論又不切於問題，然以口給便捷之故，亦往往博得滿堂之采聲。於是，實學鮮人問，表演人人誇。此其可憂者二。

三曰看重知識，忽視生命：今之學校，本採西式化之教育，其重視知識，事屬當然。今雖高喊通識教育，然課程安排，仍係知識取向，而幾乎無關乎生命，此則深失人文教養之宗旨。我國教育傳統，本重性情陶冶，人格鍛鍊，故能篤行立品，顯發生命之眞樸，完成人生之價值。今人則歆羨知識之「爆炸」（此二字甚無理），而輕忽身心之修養。徒重知識而輕忽生命，豈非輕重倒置、本末失序？一個人既已內輕而外重，勢將本不立而道不生。如此心態，豈能有所擔當、任重而致遠！此其可憂者三。

順此三種心態，漸成兩種習性：

一是「爲私不爲公」：一般人厭聞道德仁義，實乃生命軟塌、心力衰竭之徵。此類人只能順私欲之流而下放，而無力循良知天理而上達。習久成性，便只知一己之私，而不知有義理之公。他的靈魂困在「小我」之軀殼中無以自拔，終於成爲世間可憐可厭之人。

二是「服勢不服善」：人之可貴，本在依理以逆勢、據理以造勢，故能「守死善道」、「知其不可而爲之」。今之人則欺善而怕惡，可謂劣矣。怕惡，故懾服於勢，軟如綿羊；欺善，則張牙舞爪，傷殘善類（此一劣性，又爲馬列主義者特加發揮，其毒害民族心靈，罪大惡極）。人不服善而服於勢，則正氣不存，天理澌滅。凡爲士者，能不警策而自勵乎！

《禮記》有「莊敬日強」之言，《易》有「君子自強不息」之教，明訓具在，顧力行如何耳。

七十六年五月《中國文化》月刊九十二期短評

叁　教育的憧憬與憂念

學校教育以傳授知識爲主。是事實如此，還是理當如此？值得大家認眞想一想。學校當然要傳授知識，但只此而已乎？人人都說「要識大體」，如何才能識得大體？這並不是一個知識問題，而是教養的問題、器識的問題。負責教育的人，是否能在知識傳授以外，也來正視文化教育的意義，並時時開擴自己的器量識度呢？如能一念警覺，則眼界自高，心胸自寬，志量自大。而未來的教育，亦將進於篤實、恢弘，而氣象一新。

學校的每一寸土地，都浸潤著前人的心血，都蘊蓄著發芽長枝開花結果的潛力。在校園裏，有生命與生命的照面，有心靈與心靈的感通，而且生命的照面和心靈的感通，乃是古今交會，上下同流的。沒有前人的型範，何來流風餘韻？沒有後學的繼踵，何來慧命相續？由此可知，所謂人文教育、通識教育，不能只是調整課程名稱而已。如果教育無法讓青年打開心靈之門，透顯生命之眞，又將如何使他「惻然有所覺，揭然有所存」（諸葛亮語）？如果受教育的青年，心痲木而無所覺，志昏昧而無所存，則又何事乎教育？

教育最大的能事，在於誘導青年自動自發地求眞、求善、求美；自律自由地成長、提昇、發展；自立自主地發揮才識智能，來爲國家民族開創新機。就青年本身而言，他必須要有開放的心靈，也同時要有凝聚的心靈。非開放不足以暢發生命以突顯理想，非凝聚不足以貞定心志以敦品勵學。而對應當前國家的處境而言，我們的青年更要有躍起的心靈。躍起者，拔乎流俗，抗拒狂潮之謂。所謂中流砥柱，不只是一句話而已。沒有眞性情、眞信念、眞嚮往，如何能矗立中流？沒有大器識、大智慧、大心力，又如何能成爲國家社會的柱石？

教育者與受教者，都必須直立於民族生命和文化生命上，來顯發憤悱敦篤的眞性情。都應該直接從民族文化生命起大信，以振發弘毅的志氣，確立守死善道的眞信念。依於眞性情和眞信念而通觀中國歷史文化的發展，以開顯其未來的方向和途徑，這才是眞嚮往。而器識和智慧的培養，則是教育越知識層面而上之，而顯發出來的人文功能。同時，大心力的引發，也正是由此「淵然有容、動而愈出」的人文根源而來。然則，大學文科普遍忽視中國文化義理薰陶的現況，難道還不足以引起教育當局的警悟嗎？

總之，希望我們的教育政策，能把住大方向，開發多元性；教育設施要掌握大原則，減少小規定；教學用書，要突顯大標準，超越小知見；而高中文化基本教材，尤其應該尊重學界輿論和教師反映，速速檢討改進。

七十五年六月八日《聯合報》副刊

肆　關於「中國文化基本教材」

甲、反省之一

——怎樣的典籍才可以作爲「中國文化」的「基本教材」？

「經、史、子、集」的分法，雖或粗略，但卻有理。「經」是常理常道，「史」是通變的紀錄，「子」是一家之見，「集」是個人著述的纂輯。經史子集這四大庫藏，都是中國文化的業績，但要選取「中國文化」的「基本教材」，卻只能向「經」中求。

經，是民族文化生命的結晶，以常理常道爲主。但五經太深，十三經太繁，故須有所選擇。儒家孔孟之學，是順承中華民族文化生命的大流，以開顯文化理想、揭示生命方向、建立生活規範。因此，孔孟宣示的道理，都是依於「心同理同」而講說，是關於生活的基本原理，是普遍共同的做人之道、立身處世之道。那些隨機指點的平正平實的話語，以及切關國計民生的通盤兼顧的講論，都是不可違離的常則常法，和必須秉持的常理常道。孔孟的用心，並不在於提出一套特殊的學說主張；他們是站在「人」的立場，要來安立日常生活的軌道（使人人都能表現生活的意義），開出精神生活的途徑（使人人都能創造人生的價值）。所以孔子孟子和其他「諸子」不同，而《論語》、《孟子》二書的性質也不同於一家之言，而是「經」的身分（以常理常道爲主要內容）。因此，孔孟的《論語》、《孟子》最適合選爲「中國文化」的基本教材。

我們雖也了解，高中學生對文化基本教材常生反感，但主要是他們討厭背書、擔心考試。等到他們高中畢業，再長大一些，就漸漸會覺察到這門課程的好處。所以，青少年的反感，只是一時的情緒，不必怪責他們。當然，如果教材的編纂能夠合理合宜，教師的講授能夠認眞改善，學生的反感也是可以消滅的。

乙、反省之二

——「中國文化基本教材」應該如何編纂？

「文化基本教材」既不是要灌輸一種特殊的理論主張，也不是講授分門別類的知識（那是其他課程的責任），而是一種「文化的教養」。它教給我們的，是生活的道理，是做人之道、立身處世之道。這種文化教養，是人人都需要的。因此——

第一、文化基本教材應該以聖人的教言（常理常道）爲內容，應該以學習做人的道理爲目的。這是必不可少的文化教養，也是國家教育不可拋棄的天職。

第二、文化基本教材必須以《論語》《孟子》的「原文」爲「教材」的骨幹，而原典的注釋也要服從「義理之正、學術之公」。無論採取那一家的注釋，都應該以順通論孟的義理爲準，不可隨己見而臆度妄說，應該做到「毋意、毋必、毋固、毋我」。

第三、文化基本教材是高中學生必讀的。除了講授常理常道，不應強迫學生接受某種特殊的理論主張。因此，⑴不容許以個人的見解取代論孟的本意。⑵更不許以某人的一己之見爲框架，來裝塡聖人的教言（割裂經典原文作材料，是貶經；雜取聖人教言爲個人的理論作注腳，是侮聖）。

依於上述之意，可以得到一個結論，即：

現行的「中國文化基本教材」的編纂方式，是「沒有道理的」。

首先，在學術自由的原則下，當然人人都有研究的自由、著作的自由、出版的自由。你可以對經典表示自己的看法，提出自己的主張（譬如李辰冬教授主張《詩經》是尹吉甫一人之作），你也可以發表文章，出版書籍。然而，你不能憑藉教育行政權力，通令全體教師學生用你的著作做「教材」。這個道理，是「通天下古今莫不皆然」的。

其次，一本著作，可以「譽滿士林」，可以「紙貴洛陽」，可以「連續得獎」（國內的或國際的），但大衆買不買？買了讀不讀？讀了贊不贊成？這都是「讀者」的「權利」，不是任何人所能侵犯剝奪的。《四書道貫》是一本研究的專著，是作者的精心之作，可以列為一家之言。人可基於學術自由、言論自由的原則，推崇它、讚賞它、宣傳它，甚至去推銷它。但「唯獨不能據之而編為「文化基本教材」」。何以故？上文所述，都在說明這個「故」。現再簡括地說一句：「國家教育可以要求高中學生誦讀聖人的教言，但不能強使學生接受一家之說」（但如果大學某一課程的教授，自願採用《四書道貫》作教本，那是他的講學自由，別人可以尊重他的決定。但要求高中學生一體承受，則是沒有道理的，很不應該的）。

丙、一個建議

——現行「文化基本教材」之課本應即停用

理由：1.唯有「聖人的教言」（常理常道），才可以作為「中國文化」的「基本教材」。

2.任何人的研究心得，都只是「一家之見」；國家教育不可以強使全體學生接受一家之說。

3.現行文化基本教材，為了湊合條目框架，常常割裂論孟原文，此既不合孔孟本意，在詮釋上也問題多多（各方學者，已不斷有評論），我個人不想細究那些錯誤，我只有一個意思——「中國文化基本教材」應該「讓孔孟自己說話，讓學生直接面對孔孟」。

辦法：1. 第一步、恢復原狀，重行採用原先的「中國文化基本教材」（卽，以論孟原文爲教材內容、以注釋輔助了解的，那種編纂方式的教本）。

2. 第二步、重新檢討教材的缺失，加以修訂：(1)論孟原文的選取，可以重行酌予損益。(2)注釋部分，可以再加審議修訂。

3. 第三步、若有必要，可以編寫二本輔助教材，一本教師用，一本學生用。學生用的，應是讀物性質，不必考試，其內容必須平正平實，文字必須淸新可讀。

鵝湖座談會書面發言（七十六年十二月）

伍　哲學與人生

——從「四方集」說起

聯副邀請四位方家執筆，大約每周刊出一次「四方集」，前後共刊八次。四位方家不但學有專長，而其思理筆觸，也各具特色。同時，他們又都是哲學界的朋友，哲學與散文融而爲一，確使副刊生色不少。

頃蒙編者不棄，囑就哲學與人生略抒感懷。但這樣一個大題目，實有「不知從何說起」之感。我想，哲學也罷，人生也罷，都和「明道、析理、運智、成德」息息相關，現在就以「道、理、智、德」四字爲綱，把一些人所習知而卻常加漫忽的意思，重新一說。

六年前，東海大學成立哲學研究所，我特意集成四句話「道生物、理生氣、智潤思、德潤身」作爲賀詞，並請友人周志鯤教授，用他新創的「三波九磔」筆法寫成橫幅，裝裱之後，送請哲研所懸掛研討室中。大家有意無意間看上一看，似乎也有一份激勵之意。但二年前爲人無端取下，使得返校的系所舊友悵然若失。如今得有機緣光復舊物，不無所感。特趁寫文之便，爲此三言四句粗進一解，也算是哲學與人生之間的一片爪痕。

道，是一個公共字。各家各派，各道其所道，而儒家則特別揭示道的「生生」之義。天地無心，以「生」物爲心。生生不息，即是天地的心意。心意顯發而凝成善果，便是德。所以說，天地之大德曰「生」。生德流行，發育萬物。這是儒家天道觀最爲基本的意思。宇宙萬物皆爲道所生化，這樣的通義常理，可說無人弗信。而宗教特倡上帝創造萬物之說，也可無礙。因爲上帝也不過是道的外在化、位格化。說法雖有不同，義理固可相通。天地萬物依道而得生，人生價值依道而得成。所以，人須守道行道，不容悖違。

同時，生生之道又可衍說爲生生之理。理無聲臭、無形迹，它的功能作用必須藉氣而具體顯現。氣，無論說爲陰陽五行，或說爲血氣生命，都只是一團現實存在的東西。它濁重、複雜、浮盪、散馳，有力而無方向，有勢而無律則，所以必須依理而活動，才能在分合變化中凝成有規律、有秩序的萬有世界。而人的視聽言動與全部生活行爲，也必須依理而行，才能表現意義，成就價值。

世界而無理，必將沉淪墮毀，人生而無理，必將萬劫不復，所以儒家特別提揭「理生氣」一義。但理之「生」氣，不是形下的產生或生出，不是說氣從理中生出來，而是形上的理（道）妙運氣、鼓舞氣，以引生氣之生化不息，並使之表現合度之生化。有了合度之生化，萬物才能「各正性命」，獲得貞定。就人生活動而言，則是良知天理主導血氣生命的視聽言動，以表現合理合道的行爲。孟子講「浩然之氣」，必須「配義與道」，浩然之氣是「集義所生者」，這便是以理生氣。

道之生物，是創造天地萬有，昭顯宇宙之光；理之生氣，是主導生命方向，成就人文之善。明道析理，是哲學之事，而踐行道理，則是人生之責。而哲學與人生的聯結，便落在道與理上。

〈大學〉有云：「富潤屋，德潤身。」財富可以潤飾居室，成其華美，此意淺顯易懂。道德充內形外，睟面盎背，可以善化吾身。這個意思，也很明白易解。哲學可以不講富潤屋，但須講求德潤身。而且，哲學既以思想活動爲本務，則如何潤「哲」之「思」，也是非常重要之事。

數年前，牟宗三先生在東海大學演講，特別提出「智可潤思」一義，以期勉哲系師生。蓋晚近中國哲學界，於邏輯分析、科學哲學，多所煽揚，國人能習西哲之長，當然很好，但如無「智」以「潤」之，哲學也將乾枯僵滯，無由運思以成慧。明智之慧顯發不出，又如何能通接西方哲學之大流，開發中國哲學之新生命。

「智」之一字，乃謂明智、智慧，不只認知識別而已。哲學之思，不應只限於邏輯思考與概念分析，而應調適上遂，以顯其明智，發其慧光，如此，方可謂之哲思。哲思者，睿思也。《尚書・洪範》云：「思曰睿，睿作聖。」思必明睿而明通，乃能思以通微而知幾。幾是念慮之微處，幾之動或吉或凶，或善或惡，故須知之而戒愼警惕，庶幾可以轉化幾之凶惡，以成就善行，開顯善道。可見心之明智，既可深化哲思，也可善化人生。

依希臘古義，哲學乃是愛智慧之學。而今世言哲學者，往往競於纖巧而失其深慧，可謂竭於思而短於智，此大非哲學之福。人而無智，何由潤思，又何由成德？無智無德，又何益於哲學，何益於人生？

《易》曰「終日乾乾」。人而無智以潤思，無德以潤身，則成昏墮之人，又何能乾乾惕厲耶？儒家素重「仁智雙彰」，仁可以感通內外，智足以周遍及物。由仁的感通潤化，而成己、成人、成物；由智的明覺朗照，而知人明理，而開物成務，而利用厚生。這樣一個平正通達的義理模型，不但是人類哲學之正宗，而且可以爲人生開顯康莊之大道。

七十八年十月二十六日《聯合報》副刊

中國大陸的儒學空氣

今年，曲阜與臺北，先後召開國際儒學會議（香港大學亦將於十二月舉辦以「儒學與中國文化」爲主題的國際學術研討會）。臺北的孔學會議，報紙已有報導，無須贅言。而中華民國在復興基地復興中華文化、發揚孔孟學說，亦本屬常道常行，自當時時存念，持續努力。而大陸在馬列破產之後，回頭肯定孔子，則顯示特殊之意義。

中共在大陸三十多年，一直想以馬列取代孔子，以唯物思想取代儒學。他們強調階級性（否定普遍的人性），突出階級鬥爭（否定仁愛思想），貶斥知識分子（否定人品才德之可貴），抹煞學術自由（否定學問知識之價值），剝奪「黑五類」的教育權（否定「有教無類」的公道精神）……最後更發動「批孔揚秦」，毀孔林，砸聖像，焚燒書籍，迫害學人，摧殘國脈民命而至於斯極，誠乃我華族五千年來千古未有之慘禍。

文革風暴過後，神州依然昏暗。於是思潮激盪，人心求變。在士氣民意巨大的衝擊之下，中共乃不得不作開放之舉措。刦後餘生的知識分子，亦漸漸心靈復甦，而進行文化的反思。三數年前，遂有孔子研究會、孔子研究基金、中國文化書院之相繼成立。而以「宋明理學」、「王船山」、「熊十力」、「黃宗羲」、「朱子」爲主題的學術會議，亦先後在各地舉行。今年八、九月間，又在曲阜召開國際性的儒學研討會，並獲致「孔子學說對現代化有所助益」的結論。我們希望大陸學界繼此再進，對儒學之價值作全面性的體認。使儒學的空氣融入人心，而發爲行動實踐。

須知儒學並非「骨董」，亦不是「文化遺產」，而是脈動活潑的「文化生命」。所以，我們要「活看儒家」。如能秉持儒家之精神方向而因時制宜，則舉凡「倫理的實踐、學術的推進、政治的開新、經濟的發展」，皆可以隨宜調整、隨事變應，而開啓新路。孔子是「聖之時者」，他教我們「守經」（守住人生的常道），亦教我們「通權」（權衡本末輕重以應變）。數千年的文化傳統，有精粹，亦有渣滓。該因襲的自當繼承下來，該變革的理應革而去之，多餘的自必酌予減損，不足之處當然隨時增益。「因革損益」以得「時中」，這才是儒家之眞精神。

在民族文化生命歷經摧殘傷害，在孔子與儒家橫受貶斥糟蹋之後，大陸知識分子爲文化學術所作的努力，我們衷心感佩。但有一事，卻令人費解生疑。聽說北平學界有人主張「保存儒家的內聖，拋棄儒家的外王」。我們認爲，前一句是對的，後一句則大錯。儒家外王之學，要求仁民愛物、以民爲本，要求「開物成務」、「利用厚生」，要求「備物致用，立成器以爲天下利」。

這種外王的道理，如何可以拋棄？今天我們講外王，當然不必再從「聖君賢相」的模式去講，而應順承儒家外王精神，吸納「民主、科學」，以開擴外王學的綱領，是即當前儒家的「新外王」。須知完成民主建國、發展科學技術，乃是儒家之文化使命，而且亦正是儒家時中大義的發揚與實踐。然則，儒家內聖一面，固須承續光大；而外王一面，尤應除舊佈新，精誠貫徹以求成。如此，乃能使國家步入坦途，而措全民於磐石之安。

七十六年十二月《中國文化》月刊九十八期短評

柒「新加坡儒學會議」誌感

新加坡「東亞哲學研究所」，於八月二十九日至九月三日召開國際性的儒學會議，主題是「儒學發展的問題及前景」。受邀參加會議的學者，分別來自臺灣、香港、大陸、北美和新加坡，外加一位日本學者，共計四十一人。正式論文三十三篇。依論文性質，又分爲課題、時代涵義、傳統結構、當代轉折、地區儒學介述（如新加坡、香港、臺灣、北美等）、超越內在、人生理想、評價反思、民主運動、經世致用、重建發展、得失利弊、創造轉化、未來前景、展望契機等十多個子題。六天議程中還有三場討論，分別是儒學發展的方法問題、儒家傳統的內在資源及其限制、西方現代文明對儒家傳統的挑戰。另外，又在會外與當地學術團體合作，安排了三場夜間座談會，分別討論儒家人文主義與民主、儒家傳統與知識分子、儒家思想與今日社會。從這些題目，即可看出會議準備工作之細密及其策劃之周詳。而會議全程的行政事務工作，也顯示新加坡人一貫的高效率水準。

就會議的主題和它涉及到的各項問題而言，三四十年來，臺、港、海外的學者，事實上都已作過廣泛的討論，而且也陸續出版了許多學術性的專著、問題性的論述、學術會議論文集，以及爲數可觀的專題論文。如果有人或有學術機構願意做「彙整」的工作，把這些學者的論點主張，分門別類作一全面性的系統整理，即可發現前段所提到的種種問題，都已有了相當深入的探究，有些問題也大致獲得了共識，而可以提供大陸與世界相關國家作爲參考借鏡。可惜中華民國的學術研究機構，似乎很少關心或根本無意於從事這種「理所當爲、勢所必爲」的學術性的工作。結果是，臺、港、海外學者數十年來研究儒學的心血，未能獲得知識界普遍的重視和了解，更沒有發揮它應有的影響。這是非常令人感慨和惋惜的。

大會數十篇論文，各有所見，各有所說，無暇一一評述。在此，只能提一提會議期間二個最大的突出點。一個是所謂馬克思主義儒家化。這句話的意涵是非常複雜的。其中有許多似是而非的聯想，有許多一知半解的附會，有許多矛盾歧異的觀點，同時又有正反兩面的評價。而且我還感覺到有些人對馬列思想似乎仍有某種程度的粘滯拘執和迷惘，遠不如方勵之的明快瀟灑而平正。他們總想讓馬列和儒家結合，其實，二者的矛盾是統一不起來的。某些形式上的比附，也根本沒有眞實的意義。我們贊成方勵之的馬列主義過時論，過時的就讓它過去，不必滯戀！凡是在人心(百姓心）上立不住的東西，總是註定要消逝的。

另一個突出點，是新儒家的論點受到特別的注視。但誤解與了解、質疑與贊成的比重，卻是前者大於後者。海外學者對新儒家的質疑，我們聽過不少。而大陸學者對新儒家的直接評論，則是第一次當面聽到。據他們說，大陸學界「搞」新儒家的東西，直到最近一二年才眞正開始，他們也承認了解不夠深入、不夠全面，提出的問題也不一定對。大致說來，他們不喜歡甚至反對「道統」這個觀念，即使說爲「民族文化之統」或「常理、常道」，他們也很難理解和接受。對於從儒家或中國文化自本自根開出科學民主的講法，他們也隔閡得很，無法從「相順的發展」和「相逆的衝突」作出分判。對於「現代化」的觀念意指，也普遍地不得要領，甚至有人認爲「人欲橫流」即是現代化的「動力」。不過，無論如何，大陸思想界已開始正視新儒家了。步步接觸，層層深入，總會有「轉誤解爲了解」的時候。當前大陸最根本的困難是四十歲以下的知識分子幾乎從來沒有接觸過儒家（文獻、觀念、道理），因此連最起碼的理解都極度欠缺。由此一情況，卻正可反顯出新加坡在中學開設儒家倫理課程的重大意義。而臺灣中等學校四書教學的文化意義，更是無庸贅言了。

這次會議，由於住宿、開會、用餐，都在濱華大酒店，使得各地學者的交誼溝通非常方便。儘管彼此的思想仍有距離，但對於儒學發展的關切之情是共同的。而學者與學者間的著作交換，也有助於相互的了解。我攜帶三十本書，全數贈與大陸學者。其中《儒家思想的現代意義》一人一冊，《孔孟荀哲學》、《新儒家的精神方向》、《中國哲學史大綱》、《熊十力先生學行年表》，則擇定對象個別贈送。北大的陳來（大陸第一位文科博士）並表露一個願望，希望能獲得全套的《鵝湖》月刊。他說他們買不起，只有盼望《鵝湖》贈送。

另外，杜維明傳達了一個學術訊息，說大陸正在展開一項工作：編纂現代新儒家十大學者的學案，並選輯十家的著述分冊出版。主事者之一的方克立，也和我談過這件事。十位代表性的學者是：熊十力、梁漱溟、馮友蘭、賀麟、張君勱、錢穆、方東美、唐君毅、牟宗三、徐復觀（我對十位人選有意見，也問過爲什麼沒有馬一浮，他們說這是經過討論而決定的，馬一浮被視爲傳統儒家，所以未予選列云）。每一位學者分別由某大學或某學術機構負責，如熊先生、徐先生由武漢大學負責，唐先生由南京（中央）大學負責，牟先生由山東大學負責。如此分配是否恰當，我們無從過問。我對這件事有三點感想：第一、他們終於不能不正視新儒家了，但他們的理解能夠相應中肯嗎？第二、他們做出來之後，也同時便取得對新儒家的解釋權，這是很嚴重的事。第三、這樣的工作，臺、港、海外也該做，而且可以做得更平允、更得當。然而，誰是有心人，誰願施以援手呢！

七十七年九月《鵝湖》一五九期論壇

捌 國喪期間的省思

一月十三日，蔣總統經國先生猝然崩逝。數小時間，執政黨與政府各項應變措施，循序依法而進行。其運作之過程，皆通過電視而與民衆共見共聞。於是，國喪元首而朝野惕厲，民情悲悼而百姓無驚。乃知政有所守，民有所恃；復興基地數十年之戮力建設，可謂已立穩實之根基。

次日起，機關團體、私家場所、民間宗敎，普遍設置靈堂；民衆連日經旬，扶老攜幼，跪拜行禮，號哭流涕，如喪考妣。乃知經國先生惠愛之深，遺澤之厚，故民之感念盡敬如此其眞純，孺慕致哀如此其誠摯。求之中外史實，蓋鮮有其比。在國喪期間，吾人所省思者何止百千，而總其要旨，約有三端。

一、中國必由「破共」而得新生

由反共而破共，由專政而解放，是中國必走的新生之路。反共，並非狹義的政治之事，而實乃整個中國「起死回生」之大道。唯有反共，乃能恢弘中國人民之器識；唯有反共，乃能增強臺海基地之氣勢；亦唯有反共，乃能結合大陸之民意、聯繫大陸知識分子之心志。

四十年前，中共以「人民、解放」之旗幟，席捲大陸；當權之後，乃連續摧殘國脈，草菅民命，陷神州於腥風血雨之中，驅百姓於貧困飢餓之境。於是，「人民」均貧，「解放」落空。如今，大陸同胞與多數中共黨人，皆已不信共產主義；自今以往，正是中國人民由「反共」而「破共」之良機。唯有破除共產主義之桎梏，中國之國力，乃能獲得眞正之解放，而「沛然莫之能禦」。

中華民國政府在臺海基地之成就，確已開創「富國裕民」之範例。然海島一隅，亦只能作成範例而已。中華民族之問題，必須在大陸解決，此則「非反共不足以圖存，非破共不足以新生」。而臺灣之經濟發展、民主改革，不能只爲福利臺灣居民，而必須推其成果於大陸，乃眞可謂「民有、民治、民享」之善政。以是，反共救國之大業，不只是臺灣之事，而實乃全體中國人民與海外華人共同之使命。

二、「民主」乃建國之唯一途徑

建國乃民族之大業，建國亦必須現代化。唯中共限於「四個」現代化，而不容許第五個現代化（政府民主化），則顯然是不平不正之「僻執」！須知政治民主化，乃是各項現代化之樞紐，亦是消解中國傳統政治三大困局之不二法門。

中共對中國之傳統（文化的、社會的、政治的），一向採取盲目攻訐，又一貫不明病痛而亂投藥石。而依吾人之反省，中國傳統政治之困局，不外「朝代更替，治亂相循」、「君位繼承，骨肉相殘」、「宰相地位，受制於君」；而近代西方以三權分立爲基型之民主憲政，正可一舉而消解此三大困局。試思二千年來，儒家以「天道、聖道」限制君權而終歸徒勞者，如今乃得藉民主政體而解其困結；如若先聖先儒有知，能不奮然而起以貫徹民主建國之大業乎！

中華民國之憲法，創制於四十年前。雖以國家之變亂，而未能順利推行於全國；然國府始終未敢違此政規，年來且以恢弘之器識開張憲政之軌轍。經國先生雖已大去，而國喪期間，在位大員之銜哀矢志與海內外輿論之表示，無不以貫徹民主憲政相期勉。此不但已成朝野之共識，而大陸學界與知識青年之心向，亦實同此體認。吾人深盼兩岸同胞，異地同心，共相奮勵，以民主憲政完成建國之大業。

三、臺灣在國史中之「新地位」

中華民族開國於黃河流域，隨歷史運會之推移，唐代以後，國史重心漸次南移。由黃河流域，而長江流域，而粵江流域，各重要省區，皆曾在國史上輪番做主，以盡其歷史之使命。臺灣地處海隅，開發較遲。然自鄭成功以來，亦已正式進入國史矣。善乎陳寅恪氏之言曰：

> 鄭氏父子之興起，非僅由武力，而經濟方面，卽當時中國與外洋通商貿易之關係有以致之。……閩海東南之地，至今三百餘年，雖累經人事之遷易，然實以一隅繫全國之重。治史君子，溯源追始，究此變之所由，不可不於此點注意及之也。（見《柳如是別傳》）

陳氏之言，不惟極具史識，而且語重心長。臺海復興基地，的確「以一隅繫全國之重」，尤其近年來政經現代化所透示之路向，實卽整個中國應走之大道。而居息於臺灣之中國人，正帶領臺灣省區向國史舞臺大步邁進。臺灣之山川靈氣，不殊於大陸河山。鍾靈毓秀，必將孕育出歷史性之人才，爲中國現代史開創新頁。

唯當前中國之大局，仍在艱困之中。臺海同胞，必須時時以國族爲念，人人以國士自期；以臺海堅銳之朝氣，回灌大陸，必可促成中華民族之和平統一，措全民於磐石之安。然則，方勵之所謂「我們正在寫歷史」，乃無異爲臺海同胞遙寄心語。而臺灣在國史中之新地位，亦正取決於臺灣之範例能否擴及於大陸，以建設民主自由之新中國。

七十七年二月《鵝湖》一五二期論壇

玖　唐君毅先生逝世十周年祭

今天是唐先生逝世十周年的忌辰，中央大學特別為唐先生舉辦這個紀念會，我們應該表示深深的感謝。

唐先生一生盡瘁於文化學術，他的思想面很廣，著作也很多。要了解唐先生的學術思想，順著他的著作來看，可能是比較相宜的一個方式。我個人認為，唐先生的著作可以分為三個階段，而在階段過渡之際，又各有一部代表性的書，顯示他學問思想的轉進發展。最後還為世人留下一部總結性的著作。

一

唐先生第一階段的著作，合稱「人生之路」，而事實上是分為三部書先後出版的。

首先是《人生之體驗》和《道德自我之建立》。這兩部書，是唐先生順着自己的性情，以及他向內而向上的要求，來開發人生的智慧，建立道德的自我，決定人生的方向。比較而言，第一部《人生之體驗》帶有文學性，也常用譬喻象徵的詞語，所以觀照欣趣的意味比較多，偏重於對人生的興感。裏面的話，說得肫懇眞摯，有很大的啓發性，許多青年讀者，常因讀這部書而引發深心的感動。第二部《道德自我之建立》，文筆比較樸實而單純，是反省道德生活而作的表述，所以鞭辟入裏的意味比較重。尤其書中所表現的超拔向上的勁力，以及所流露的眞誠惻怛的襟懷，更可以使我們接觸到唐先生純厚的道德心靈。

第三部《心物與人生》，是採取對話體的論辯方式，從物質到生命，從生命到心靈，再到心之求眞理，一層一層引導讀者透顯出人生文化的理想，以漸次上達於高明。但唐先生也同時指出，這部書只是一個橋樑，一個通道，而不是一個依止之所。因爲這是唐先生青壯時期的作品，他的話還沒有說完，他的思想還要進一步的開擴和升進。

第一階段這三部書，主要是道德生活的反省。抗戰勝利，唐先生回到南京，逐漸感到家國天下觀念的重要性。後來在江南大學做教務長，更由人與人的共同事業中，體悟到社會組織的重要，於是開始撰寫《文化意識與道德理性》這部書。唐先生覺察到各種社會文化的活動，有如家庭、教育、經濟、政治、科學、哲學、文學藝術、宗教信仰，乃至於軍事、體育的活動，都有道德理性貫注運行於其中。一切文化活動，都是道德理性之分殊的表現。換句話說，道德理性乃是一切社會文化的基礎。而現實中的各種社會文化活動，也都不自覺或超自覺地表現了某一種道德的價值。所以，整個人文世界都可以統攝於道德理性的主宰之下。

唐先生認爲，道德理性（道德自我）是一、是本，是涵攝一切文化理想的。而文化活動是多、是末，是成就現實文明的。中國文化過去的缺點，是在於人文世界沒有分殊的撐開；所以中國將來的文化，應該由本以成末，來撐開人文世界。而西方現代文化的缺點，則在於人文世界盡量撐開而淪於分裂；所以現代的西方文化，應該出末而返本，使道德理性透顯出來。唐先生這部書，已經提出一個文化哲學的系統。同時也徹底否定了自然主義、唯物主義、功利主義的文化觀。由這一部理論性的書作爲一個過渡的橋樑，再向前開擴申展，便進入到第二階段的著作。

二

大陸淪陷之後，唐先生流亡到香港，瞻望故邦，臨風隕涕，而他的生命和思想也因而有了空前的大開發。這第二階段的第一部書《中國文化之精神價值》，就是這個時候撰寫的。這部書應該是民國以來，通論中國文化的最佳著作。他引申中國哲學的智慧，來論述中國文化所含蘊的「精神的價值」。縱的方面是順通歷史脈絡以論述中國文化精神的發展，橫的方面是分論中國先哲的自然宇宙觀、心性觀、人生道德理想、宗教精神與形上信仰、文學藝術精神，以及人間世界、人格世界、形上信仰的悠久世界。最後三章則專論中西文化的融攝問題，一方面解除近百年來中西文化問題的糾結，一方面顯示中國文化未來的遠景。

唐先生在香港開頭那六七年中，面對我們華族文化的厄運，情志激昂，悲智宏發，充分披露了他對文化學術的通識，以及家國天下的熱忱。於是，繼《中國文化之精神價值》之後，又寫了《人文精神之重建》、《中國人文精神之發展》兩部大著。這二部書是從客觀的社會文化的觀點，來討論我們當前所遭遇的，有關「民主、自由、科學、社會生活、社會道德」以及「宗教精神、人類和平、世界悠久」等等的問題。在這裏，唐先生顯示了他哲學的通識，流露了他的仁心悲懷，也貫注了他的人格精神。這二部書都不是哲學專著，但它的價值和影響卻超過了哲學專著，而且也不是哲學專著所能代替的。它代表唐先生全幅生命性情的發皇，也顯示他思想領域的擴大升進，可以說已經達到「沛然而發，莫之能禦」的境地。在唐先生過世的時候，牟先生特別引述《莊子．天下》篇的話：「彼其充實不可以已……其於本也，弘大而闢，深閎而肆；其於宗也，可謂調適而上遂矣。」認為這幾句話，正可以作為唐先生第二階段這幾部大著的寫照。同時還告訴青年朋友，要細讀這幾部不朽的著作，以敦篤自己的性情，恢弘自己的志氣，提高自己的理想。

另外，還有第四部《中華人文與當今世界》，雖然出版較晚，但也同樣是闡揚中國人文精神，和討論世界文化問題，在內容性質上，正是上述幾部著作的引申和衍展，所以也應該列為第二階段的著作。

由重建人文精神，以挽救中國文化乃至人類文化的命運，當然不能不重視文化的核心：哲學思想。唐先生那二大册的《哲學概論》，就是兼顧中國、印度、西方三大系的哲學思想而寫成的巨著。由這部書作爲一個過渡，再回頭重新疏導中國哲學思想發展的脈絡，這就進到著作的第三階段。

三

第三階段的著作，就是六大册的《中國哲學原論》。分爲《導論篇》、《原性篇》、《原道篇》和《原教篇》。

《導論篇》出版的時候，書名就叫做「中國哲學原論」。唐先生的意思，是想以「原理、原心」比配西方哲學的「理性的心靈」，以「名、辯、言、默、致知、格物」比配西方的「知識論」，以「原道、原太極、原命」比配西方的「形上學」，想藉此表示中國哲學自有它各方面的義理，也有它一套內在的問題。一方面它自己形成一個獨立自足的義理世界，一方面也可以旁通於世界的哲學。後來，《原性》、《原道》、《原教》各篇陸續寫成，而且篇幅甚大，自成巨帙，所以就把第一部列爲《導論篇》。

《原性篇》、《原道篇》、《原教篇》，是應合〈中庸〉：「天命之謂性，率性之謂道，修道之謂教」而命名的。這三部書是通貫中國哲學演進發展的全部過程，來討論三方面的哲學問題：

1. 《原性篇》，是論述中國人性思想的發展。

2. 《原道篇》，是論述中國哲學中「道」這個觀念的建立和發展。

3. 《原教篇》，是論述宋明儒學思想的發展。

這幾部大書，是在唐先生最艱困的時候所撰寫的。他一方面為新亞書院的理想作苦鬪，一方面又遭逢高堂陳太夫人之喪，接著又患眼疾而一目失明。在這種「心力瘁傷」的情形之下，唐先生的心情或者不免於惶急，所以寫得比較匆忙。但就唐先生自己而言，他是順著文化意識的張大，而心不容已地寫下去，他已經盡了心力，也已經盡了他對文化和時代的使命。

唐先生最後的著作，是《生命存在與心靈九境》。這是一部總結性的書。一方面在於解答形上學與知識論所引生的種種問題，一方面則依於生命三向而開出心靈九境。

所謂生命三向，是指生命心靈的前後向、內外向、上下向。⑴前後向的順觀，以觀「體」為主；⑵內外向的橫觀，以觀「相」為主；⑶上下向的縱觀，以觀「用」為主。由這三向開出心靈的九境：

一、初三境——1.萬物散殊境；2.依類成化境；3.功能序運境。三者重在客體，都是「覺他境」。

二、中三境——1.感覺互攝境；2.觀照凌虛境；3.道德實踐境。三者以主攝客，都是「自覺境」。

三、終三境——1.歸向一神境（神教境）；2.我法二空境（佛教境）；3.天德流行境（儒教境）。三者皆為「超自覺境」，超越主客之相對，是「以主為主」的絕對主體境。

這心靈九境，彷彿有點華嚴宗「十玄門」的意味，當然比十玄門的規模更爲弘遠而寬廣，而全書的歸趨，不出於「立三極」（人極、太極、皇極）、「開三界」（人性世界、人格世界、人文世界），「成三祭」（祭天地、祭祖先、祭聖賢）。唐先生特別指出，儒家三祭之事，並不在於祈福，而只是本乎仁義之所當爲，以順通我們的性情，而建立人道的至極。

唐先生這部書的講法，其實就是一種判教的工作。判教是最高的學問。佛教方面有天台宗和華嚴宗的判教，而今天我們所面對的，是古今中外各種形態的文化、宗教、哲學交會激盪的局面。這個時候，正需要一個新的判教，來「別同異，定位序」，以建立綜攝融通的基準和軌轍。我們很榮幸，當代中國哲學界就有兩位前輩先生不約而同地做了比天台華嚴更爲深廣的判教。一位是唐先生，一位就是在我們眼前的牟先生，唐先生的判教，是通觀文化心靈活動的全部內容，而開列出上述的九境，以分判人類文化中各種學問知識、學術思想以及幾個大教的境界。這是一種廣度式的判教。牟先生則採取了較爲精約而集中的方式，是就人類文化心靈最高表現的幾個大教來說話。牟先生的判教，主要見於三個地方，一是在《佛性與般若》書中對佛教的判教作了調整，就是以天台宗爲準而兼採華嚴宗始教終教之分判，列爲藏教、通教、始別教(阿賴耶系統)、終別教（如來藏系統）、圓教。二是在《現象與物自身》書中開出了一個「判教與融通」的路道。三是《圓善論》一書所作成的總結。

四

以上，我們大略介紹了唐先生三個階段的著作。最後應該總括地講一講唐先生二點最突出的表現。

第一是深微真切的人生體驗：對人生的體驗，也包括對道德宗教的體驗。這是道德自我透顯之後，一方面反觀自己，一方面照察人生全幅的內容和整個的過程，所以是一種向內的反省和向上的提昇。由於有人生正面理想的嚮往，所以也就必然會轉過來照察那些妨礙理想實現的、人生負面的種種艱難、痛苦、罪惡和悲劇，而要求自己隨時警惕，動心忍性，以斬斷那些人生途程上的葛藤，使人能從煩惱、痛苦、罪惡的深淵中超拔出來，以歸於人生的正道。這就是上面沒有提到的《人生之體驗續篇》的中心義旨。唐先生對於人生的艱難、罪惡、悲劇等方面的照察之微、體驗之深，以及感受之切，可說舉世罕有其匹。唐先生所開發的人生的智慧、理想、方向，有如一面人生的大鏡子，我們應藉這面鏡子來照察自己，惕勵向上，以創造人生的意義和價值。

第二是深厚強烈的文化意識：這方面主要表現在第二階段的著作裏，也同時在他後半期的生命過程中，在他為中國文化理想所作的艱苦奮鬥中，有了很具體而感人的證現。唐先生的立身處世、為學做人，以及他的道德意識、民族意識、歷史意識，還有文化事業的意識，全都融會凝結在他深厚的文化意識中而昭顯出來。十年前，牟先生表彰唐先生的生命格範，說唐先生是「文化意識宇宙中的巨人」。文化意識宇宙，是由中國文化傳統而開出的宇宙，是由夏商周三代文質損益，再通過孔孟內聖外王成德之教而開闢出來的。像宋明理學大家，晚明顧、黃、王三大儒，都是這文化意識宇宙中的巨人。而唐先生則是我們現時代這文化意識宇宙中的巨人。唐先生所完成的這一個生命的格範，是彌足珍貴，而可以永垂不朽的。

諸位先生，「文化意識」是很重要的。一個國家的知識分子如果欠缺文化意識，他的歷史文化就有斷滅之虞。而當前中國的知識分子就非常欠缺文化意識。衡量一個人有沒有文化意識，最直接的辦法，是從他是否能常常保持文化心靈的覺醒來作判斷。一個文化心靈痲木的人，他當然沒有文化意識。譬如最近李澤厚表示，當年馬、恩、列、史的巨幅畫像聳立在北平天安門前的時候，大家看了，竟不覺得怎麼樣。當一羣夷狄的畫像，矗立在國門之上，要人們去瞻仰崇拜，而大家竟然懵然無所感覺，這就表示中國人的文化心靈痲木了，沒有文化意識了。這是何等的可悲！就臺灣來看，當我們「富」而不能「好禮」，「好禮」而不能「得體、得宜」，婚喪喜慶常常不成體統、不像樣子，這都是文化意識和文化教養的問題。我最後加說這幾句話，正是要我們更了解唐先生這一生努力奮鬪的眞實意義。我們不能辜負孔子，不能辜負歷代大儒，更不能辜負唐先生，因爲唐先生是我們同時代的人。

講於民國七十七年二月二日，唐先生紀念會上

拾 敬悼梁漱溟先生

一

作爲神州大陸「文化中國」的象徵者——梁漱溟先生，於六月二十三日逝世了。在他九十六年（一八九三至一九八八）的生命中，無論從性情、智慧、人格看，都是第一等的。但世人對他的論贊，卻未必都能相應而中肯。

我們且先看看梁先生如何表白他自己：「我無意乎學問」，「我不是學問家」，「以哲學家看我，非知我者」。如果有人問起，梁漱溟是怎樣一個人，他希望朋友們如此爲他作回答（見《中國文化要義・自序》）：「他是一個有思想的人。」或者說：「他是一個有思想，又且本著他的思想而行動的人。」他以爲這樣便恰如其分，最好不過。如果說：「他是一個思想家，同時又是一個社會改造運動者。」這樣他便覺得是十分恭維了。

梁先生雖沒讀過大學，卻成名甚早。二十四歲（民五）發表〈究元決疑論〉，得蔡元培之賞識，而延攬到北大哲學系任敎。及二十九歲（民十）《東西文化及其哲學》出版，聲名乃大顯於世。

那個時候，正是虛無主義泛濫橫溢，西化思想所向披靡之際。梁先生敢於本乎自己的眞知灼見，高舉中國文化的大旗，以鮮活清新之言，宣示孔子的人生智慧，眞有如「鳳鳴高岡」，使世人耳目爲之一新。而明亡之後，隔斷了三百年的中國文化慧命，由於梁先生的讜論正音，也重新接續而豁醒了。就此而言，梁先生在近代中國的「文化復興者」之先驅地位，是應予肯定和尊崇的。

二

之後，梁先生與年長八歲的熊十力先生以及年長十歲的馬一浮先生，相與訂交論學，乃漸次爲中國文化開出一條新路。這三位老先生，從大方向說，都是儒家。但馬先生自認「講學的熱情不夠」，而梁先生則缺乏歷史文化的縱貫意識（見下），所以當代新儒家擔綱作主的開創者，乃是「文化意識特別強，族類之感特別深，講學悲願特別大」的熊先生。

梁先生自己認爲重要的著作有四部，一是《東西文化及其哲學》（二十九歲），二是《中國民族自救運動之最後覺悟》（三十八歲），三是《鄉村建設理論》（四十四歲），四是《中國文化要義》（四十九歲開端，完成於民三八，五十七歲）。

第一書是他的思想宣言。人可以不同意他的論點，但是必須承認這是他深造自得之作。他依於對時代之悲情而從事獨立思考，並本於自己之所思而堅毅實踐，他深切關懷中國前途與中國文化之發展，他無視於潮流壓力而昂然不屈，他的矯矯不羣正是他生命中的「眞」，這些，都是同時代的名流所不及的。

第二書是他解決中國問題之具體陳述，他所謂最後覺悟就是自覺其「民族精神」。他反西化，也反俄化。對中國而言，他指出「政治上」有二條不通的路：一是歐洲近代民主政治的路，二是俄國共產黨發明的路；「經濟上」也有二條不通的路：一是歐洲近代資本主義的路；二是俄國共產黨要走的路。他認爲，中國民族的自救運動，必須知識分子與鄉村人民打成一片，以合作社的方式發展鄉村生產，經由鄉村經濟建設以奠立鄉村政治（全國政治）的基礎，同時發展鄉村教育，即可合成一種新中國的文明。

第三書是鄉村建設理論之綜結，可以代表梁先生的實學。其中有一個要點，即：暴力鬥爭不能解決中國的問題。他認爲近代中國之問題，是由外患而激發，不是由於內部的階級衝突。同時，中國的舊秩序已破壞，沒有秩序而鬥爭，只是亂上加亂。要奠立一穩定之新政權，切忌鬥爭暴動。

第四書是對中國文化之綜述。他認爲要「建設新中國」，就必須「認識老中國」。老中國是融國家於社會，以天下爲國家，以道德代宗教，以禮樂代法律。總起來就是兩句話：「倫理本位，職業分途」。這是梁先生對中國社會的歸結，也是他和中共根本衝突的癥結所在。

三

梁先生的一生，大致可以分爲三個階段。

第一個階段是青壯時期（從五四到抗戰）。這個階段，他是以一個思想家的身分而從事文化運動和社會運動。他的悲情和精誠可敬可佩，但他的認識和判斷，則既和時代脫節，也未觸及中國問題的核心。辛亥革命之後，中國當然要走民主政治的路，而梁先生卻以爲此路不通，可見他對中國的現代化懵然無所覺。經濟建設當然要靠科學知識和工業技術，而梁先生不但反對資本主義的工商經濟，而且以爲只要小學畢業即可參加鄉村建設學院的招生。如此輕忽知識，則鄉建運動便注定要失敗。在文化運動方面，保存中國傳統，保存中國文化，是對的。但所謂「倫理本位，職業分途」，只是從農村風俗習慣的橫剖面剖析出來的特徵，中華民族僅僅守住這八個字就能自救嗎？儒家內聖外王之學能不求充實開擴、與時變應嗎？「新外王」中可以沒有「民主、科學」嗎?對於這些,梁先生竟完全不入思慮。他第一階段的悲情和精誠,落得悲劇結局,這是值得大家作深長思的。

第二階段是中年時期(抗戰中與抗戰後)。這個階段,梁先生是以「社會賢達」的身分從事政治運動。先是參加國民政府的參政會,繼而參加民主同盟為要角,而同情中共,終於為中共所欺。他對共黨的本質全不了解。共黨以解放世界為目的,一切異己都是它要消滅的對象。而梁先生訪問延安之後,竟說中共從來就沒有要消滅國民黨的意思。又說毛澤東天資高,「克己復禮」的工夫毫不費力就做到了。殊不知一個共產黨員經過訓練之後,個個脫胎換骨,生命完全客觀化,一切向黨交代,這時,任何一個共產黨徒(不只是毛澤東)都是黨的化身,都是沒有私己的革命者,這就是梁先生所謂「克己復禮」了。梁先生是君子,而「君子可欺以其方」,所以梁先生受欺蒙是可理解的。然而受毛澤東愚弄一世而竟始終不覺不悔,這就殊為可怪了。

第三階段是老年時期(民國三十八年後)。大陸變色,梁先生寄希望於中共,竟欲影響中共之政策,終於觸怒毛澤東,而招致毛某當衆撒潑跳腳,破口穢罵。梁先生敢和毛澤東對抗,其不屈不撓的風骨氣節,令人敬佩。文革時期,他堅持自己的理想和信念,拒絕批孔。江青天天派人鬪他臭他,他只有一句話:「聖人不能批」。有一天他表示要講話了,批鬪小組高高興興集合起來聽梁先生批孔,結果他只是從從容容表示:我信受聖人之道,聖人之道是我的信仰,不能隨便批鬪。於是侃侃而談,一次講不完,再講第二次,一連講了好幾天。這就是梁先生「表裏如一、始終不二」的人格風範。

四

總起來說，梁先生在五四時代，以其生命智慧接續了隔斷三百年之久的儒家慧命，這是他最大的貢獻。他堅定的文化理想和信念，及其疾風勁草的風骨，也顯示他象徵「文化中國」的意義。這都是令人敬佩的。他逝世之前，提醒人要讀他的《中國文化要義》，也流露出他對民族文化的眷眷深情。但他這本書對中國文化的了解實落於橫剖面，縱貫的意識不夠，無法爲民族文化生命擔綱作主。因而面對文化道路的抉擇，他不能作中肯的表示。有如馬恩列史與中國民族生命不相合的問題如何交代？大陸知識分子與人民嚮往現代化（自由民主）的心理如何安排？如何以臺灣的現代化促進大陸的現代化？對中共的「四個堅持」及其所謂「一國兩制」又作何態度？以梁先生「國老、民望」的位分，對這些切關國族前途的重大問題，竟然無所表示，實在令人失望。

尤其文革之後，梁先生兩度見之於香港報刊的言論，更令人百思莫得其解。七年前《百姓》半月刊發表梁先生一篇短文，說到毛澤東儘管胡鬧亂來，但毛某究竟是個「非凡」之人，他那荒謬怪誕的行徑，也不是「凡夫俗子」所能做得出來。我們不懂，梁先生到底何所取於毛某這樣

「禍害天下、塗毒生民」的「非凡人物」！數月之前，《文滙報》又刊出一篇梁先生的訪問記，說到民國四十二年毛澤東對他的辱罵，也是由於自己頂撞在先，全不顧「毛主席作爲領袖人物的威信」而引起，梁先生據此而自認「犯了荒唐的錯誤」云云。依梁先生的意思，似乎認爲「領袖人物」的「威信」是不可碰撞的，領袖人物是可以隨意辱罵人的。然則，謙謙君子竟是修來受人辱罵的嗎？梁先生在行將大去之時，而猶然對毛澤東曲予迴護，簡直不可思議。難道這就是所謂「最後的儒家」嗎？老實說，我們不要這種最後的儒家！何況，道雖有隱顯，而永無斷滅。儒家的慧命，與天地人同其長久，必將世世代代相繼而起，又那裏來的「最後」！

當然，梁先生的一生，實在不容易。諒其短失而念其精誠，對於梁先生，我們既哀其逝，也將永存一份敬意。

七十七年八月《國文天地》三十九期

拾壹　「河殤」感言：黃河不殤，中華萬年

一

「河殤」作者羣的眞情和才華，我很感動也很欣賞。他們對於「社會開放、精神自由」的嚮往，對於「民主政治、工商經濟」的追求，對於大陸「現代化路線」的支持和辯護，我都願意給予正面的肯定。他們對於中共政權的批評，迂迴含蓄，不夠明快，也未切中肯綮，我也可以諒解。

二

「河殤」對於文化傳統和文化鄉土的描述、解析和批判，含藏著不少問題。他們那一套單

純對比的思考格局，實在很不妥當，對什麼問題，都採取「一刀切」的「二分法」。無論是傳統與現代、中國與西方、農業與工商、內陸與海洋，一概都擺在一個「對立、對斥」的格局中來思考，一切事物都彷彿落到「不是你存我亡，就是你死我活」的態勢中。這樣看問題，一邊是拋棄，一邊是擁抱；拋棄一切舊的，擁抱一切新的。這種心態，基本上是激情的、夢幻的，似乎說不上是知性的思考，更不是理性的判斷。

本來，相對性的各種事物，未必就是相互排斥的。所謂「相輔爲用」、「相反相成」的話，大家也都能隨口說出，然則，現代中國知識分子的心態和思考，爲什麼總是落於「兩極化」而一直跳脫不出來？

文化不是靜止的東西，文化現象（有如生活的態度、生活的習慣、行爲的方式、價值的認定……），都只是在特定「時空」中的一些表現。不同的地區，固然會使文化現象呈現不同的樣態，而同一地區，也會由於時代的不同和人爲努力的不同，而使文化的表現產生興盛和衰微的徵象。同樣是「華夏土地」，同樣是「黃河之水」，古代的中國人在那裏創造了歷史文化的光輝，如今光輝黯淡下來了，這是今人和古人在文化創造、文化表現上的差異，這全是「人」的問題，於「水、土」何尤？「河殤」特別稱讚「盛唐氣象」，而唐朝的中國人豈不也是生息於黃河黃土之上？同樣的水土，同樣的地理環境，卻出現不同的文化狀況，試問，文化是水土決定的，還是由人的努力來決定的？人豈不可以改造水土，超越水土？怎麼可以由於這一代中國人的不努力或努力不得其法，就埋怨黃河，埋怨長城？不去正視精神心靈的僵滯枯窘，不去疏導文化生命的方向途徑，卻單單把責任推給黃河、長城，這豈不仍然是「唯物」的心態？

三

由農業轉化爲工商企業，主要是靠政策導向的正確，以及隨順政策而進行的體制改革、知識教育、人才培養、技術條件、管理運作等等之配合。而農業文化的理念、農民的生活方式，都是可以隨宜調整，隨時改變的，不可能成爲絕對的阻力。如果工商企業有助於農業發展，有助於農村生活之改善，農民爲什麼要反對工商科技？至於黃土之上的人民，「聽天由命」、「逆來順受」、「容忍惡勢力」，那是因爲他們太弱小，抗拒不了自然災害，抗拒不了有權有勢有錢財的官商勢力，所以只好無奈的忍受。農村的貧困悲苦，不是農民的錯，而是在位者之罪，是知識分子之恥。當然，大陸農業人口太多，知識程度太低，很不利於工商企業的發展，但這主要是毛澤東「人多好辦事」的錯誤認定，以及中共輕視知識、忽視教育、摧殘人才所造成的結果，怎麼可以怪罪農業文化的傳統呢？

眞正應該譴責的，是中共的錯誤政策及其封閉僵化的政經體制。大陸數十年的文化教育和知識分子的地位，僅僅從「河殤」簡單的描述，就夠叫人心痛了。其中說到，教師雖已免除「臭老九」的厄運，但經濟上的窘迫寒酸，精神上的扭曲壓抑，仍然伴隨著他們，他們「英年早逝」的噩耗不斷傳來。教師的地位竟淪落到非常卑賤的境地，老的一代已經蠟炬成灰，油燈將盡，新的一代卻再也不肯步他們的後塵。「河殤」更以悲痛的語調說道：「沒有任何一種職業和工作的人，比知識分子需要更多自由的空氣和無限的空間。」試問，中國傳統社會，中國文化傳統，曾經這樣對待知識分子嗎？這還不是共產制度的滔天大罪嗎？

大陸人民的一窮二白，到底是本土傳統文化造成的，還是外來的馬列思想共產制度造成的？難道還不夠明白嗎？「河殤」提到中國社會缺少機會平等的競爭，缺少健康正常的市場，而且沒有合理的「所有制」……這些明明是共產制度造成的，爲什麼偏偏說是古老文明的缺點？有人說，他們是「借古諷今」，罵傳統、罵儒家，就是罵中共。卽使如此，也仍然是不對的，因爲他們所借的「古」不是事實，凡不含歷史文化事實的諷諫和批判，都是沒有分量的。他們又問，爲什麼中國的「封建時代如此漫長」？其實，這句話根本不合史實，而只是馬派唯物史家糟蹋中國歷史的一種說法。而所謂「超穩定結構」，這個現象大家也都知道，幾千年來的歷史社會，總是治亂相循，盤桓停滯。但何以如此？最根本的癥結，是在於大帝國的權力結構沒有理性化、客觀化，也就是政權轉移的軌道沒有建立，沒有客觀法制化。君權絕對化，乃是中國傳統政治和傳統社會一切罪惡的根源。政道一旦建立，民主政體的建國一旦完成，罪惡的根源就截斷了，而一切公共事務都可以在軌道中運作運行，各種問題也都可以得到解決的途徑。至於官僚主義、特權、腐化，這些事情在歷史上當然存在，而在中共統治下的大陸社會尤其明顯。如果不是中共這個龐大的統治機器強壓下來，這四十年的大陸社會，一定也像臺灣一樣，會漸漸轉變成爲一個鬆動的、開放的、自由發展的、平等競爭的、爲民所有的新社會。雖或不免還有一些官僚、特權、腐敗的事，但社會的整體卻是活力充沛的、不斷適應改革的。如果有好的政經體制、政策導向和文化教育的配合，中國的文化傳統和文化鄉土，不可能會成爲發展工業文明的阻力。

四

我始終認爲，中國文化有「常」有「變」。尊經以通權，守常以應變，是儒家最基本的原則。儒家的心靈，一向是開放的，是向上向前的，它永遠在進行反省而改過遷善，革故佈新。好的，要因襲繼承；不好的，革而去之，多餘的，開刀割除，不足的，隨時增補。這種「因革損益」的哲學，是可以適應變革、開創新機的，只是後代的中國人忘懷了它，拋棄了它。自己不能「與時變應」，不能「見機而作」，卻反而埋怨祖先，埋怨聖賢，這是毫無道理的。儒家承認一切好的東西，民主很好，科學有用，就設法做出來；工商企業對國家社會有利益，就一步一步去開展。我看不出儒家有那一個綱領性的觀念，會妨礙民主科學工商企業的發展。以前我們沒有的，今天明天可以做出來。由民本民貴到民主，由德性主體開顯知性主體以發展出科學知識，由道德上的義利之辨轉化爲企業上的義利雙成，我都認爲是「相順的發展」，是文化意識必然的要求。我們要「守常以應變，返本而開新」，要站穩腳步，打開心靈，就理說理，就事論事。問題來了，一個一個解決，該我們盡力的，就把擔子挑起來，不要再把責任推給祖先，推給傳統。如果這一代中國人有出息，肯努力，黃河長城不會限制我們。

五

「河殤」大聲疾呼不可拒絕外來文化，這句話本身沒有錯。但是，第一，我們應吸收什麼樣的外來文化？第二，吸收外來文化就非要拋棄自己的文化傳統不可嗎？唐代的中國人消納佛敎文化，但卻沒有那一個唐朝人要割斷自己的文化傳統，更沒有人咀咒長城、殤視黃河。爲什麼今天爲了要吸收西方民主與科學，就一定要以「河殤」來象徵中國傳統文化的死刑呢？黃河出海了，難道中華民族和中華文化也隨同出海而走上「不歸路」嗎？民族的新生，文化的新生，能和神州大陸一刀兩斷嗎？如果不是，就必須超越「河殤」的心態和思考。

如果這一代中國人有出息，肯努力，黃河長城不會限制我們。我是相信「不廢江河萬古流」的。所以不忍心「河殤」，而必須「超越河殤」，以創造「黃河的新生」、中國文化的新生。

民國七十七年十二月出席臺北《國文天地》月刊社「河殤的衝擊與省思」座談會發言

拾貳　一百三十二個月的文化風向

——唐君毅先生逝世十一周年的迴思與前瞻

民國六十七年二月二日，唐先生病逝香港。逝世前一日，港報有一消息，說北平要爲孔子誅少正卯事作平反，以恢復孔子之名譽。而所舉平反之理由，與唐先生數年前所撰〈孔子誅少正卯傳說之形成〉與〈孔子誅少正卯問題重辯〉二文所說之意，頗相類同。唐先生閱報，甚爲興奮，覺得中華民族終於可以返本歸宗了。對於此一反應，有人認爲唐先生太天眞。因爲當時中共文化大革命剛剛收場，怎可單憑一則新聞便作樂觀之想望！但我對於此事卻有不同的感想。唐先生在流亡香港三十年的日子裏，念念在心的只有一件事，就是要消解馬列之謬說，回歸孔子之正道，使「花果飄零」的中華兒女，能夠醒悟回頭，以「靈根自植」、「返本開新」。在文革風暴過後，忽聞中共回頭肯定孔子，遂引動心事，熱腸感奮。唐先生此一反應，絕非私心之欣喜，而實有如父母之乍聞浪子回頭，其欣慰興奮，乃全是眞心之感動、純誠之流露，豈一般淺薄之樂觀與天眞之遐想所可比論乎？

十年來，中國大陸之文化走向，日漸鬆活。各大學已恢復中國哲學之講論與研究，史學文學之探討也逐漸有了較為客觀而獨立之聲音。文史哲之經典文獻，或分段標點，或注釋疏解，或分類選輯，而西方哲學典籍與文化思想之書，也在進行翻譯和介紹。各省區則分頭展開文物古蹟之維修與歷代賢哲遺迹遺書之探尋和整理，並陸續在南北各地召開歷代哲學家、史學家之學術研討會。這些都是官方或公家機構推動的工作，儘管其中仍有意識形態之夾纏，但無論如何，在馬列符咒鬆脫之後，久經壓抑的文化心靈，確已日漸甦醒活轉了。

同時，民間性質（或半官方性質）的文化學術活動，也漸次興起，而有「中國文化書院」與「孔子基金會」之成立。文化書院先辦短期講習會，現在又有二年制研究班，屬於大學後的進修教育，採取面授與函授之方式。此外還舉辦各種學術報告會與國際性的學術研討會。而孔子基金會也於前年秋天在曲阜召開國際儒學會議，會議的結論是「孔子學說對現代化有所助益」。今年十月，又將與聯合國教科文組織合辦以「孔子儒學思想的歷史地位和現代影響」為主題的學術討論會，以紀念孔子二千五百四十年誕辰。這些文化學術之活動，縱然不無裝點的意味，但我們認為，基本上它是「民意、士心」所促成的，是「人同此心，心同此理」的公衆之要求，也是中華民族「文化心靈未全痲木、文化意識未盡泯滅」之見證。

當然，矛盾歧異的觀點，一知半解的論調，也隨時而在。像去年的「河殤」影片就是。河殤作者羣的才華熱情，雖令人欣賞而感動；他們對「社會開放、精神自由」的嚮往，以及對「民主政治、工商經濟」的追求，也應予以肯定和支持；但他們對民族精神的誣蔑和對文化傳統的無知，則是不可原諒而又令人哀矜憐憫的。他們認爲黃河的奶水已乾，不能滋養中華民族了。這種狂悖的宣示，引發了牟宗三先生以佛教六道衆生中的「餓鬼」爲喻，對他們施以當頭棒喝！餓鬼把面前的白米飯看成砂子，有飯而吃不着，因爲他自作孽，糟蹋了吃飯的福分。黃河千古萬古流，永遠滋養中華民族。但你必須有出息，它才滋養你。你如自作孽，就會遭受果報而不可活。「河殤」作者特別讚頌唐朝，而卻忘記唐朝的中國人也是這條黃河，也同樣生息在黃土之上。唐朝人並沒有埋怨黃河，也沒有糟蹋傳統。爲什麼「河殤」卻要詛咒黃河、誣蔑傳統、糟蹋祖先呢？傳統有糟粕，揚棄它就是了。儒家不是敎你「因、革、損、益」以得「時中」嗎？你自己沒出息，不上進，如何卻怨尤儒家？如今，馬列唯物的思想，共產制度的罪惡，又和傳統什麼相干？和儒家什麼相干？你受了馬列共產的害，卻不痛切反省，反而把責任推給儒家、推給祖先；如此失心喪志，不負責任，沒有肩膀，不敢擔當，那裏是神州男兒的氣概？何嘗有巾幗英豪的襟懷？

一時的懵懂，可以醒覺；某些人的偏執，可以糾正。我們一貫相信，文化意識在潛移默運中所透顯的文化走向，是誰也阻擋不了的。民國三十八年以來，唐先生和他的師友同道，從根反省中華民族的前途，認爲中國的問題，本質上乃是一個文化問題。政治經濟等等問題的發生，固然以文化問題爲導因；而政經問題的眞正解決，也仍然以文化的調適復興爲歸趨。用老名詞來說，文化問題仍不外「內聖」、「外王」二大綱：內聖，屬於「終極關懷」；外王，則屬於「現實關懷」。儒聖之學既然「以內聖爲本質，以外王表功能」，當代新儒家自必就此二面進行反省，以決定其發展的方向。歸總而言，中國文化問題不外下列三個綱領：

一、光大內聖成德之教，以重開「生命的學問」（這是所有中國人無可迴避的安身立命的問題）。

二、開出法制化的政道，以完成民主建國之大業（這是近百年來中華民族共同的要求和莊嚴的奮鬪）。

三、調整民族文化心靈的表現形態，以自本自根開出知識之學（這是中國文化充實開擴的一大重點）。

第一項是文化傳統之承續光大，二三兩項則是文化生命之充實發展，也卽中國現代化的二大重點。關於思想觀念上的反省疏導，儒家學者已經盡了數十年的精誠。至於現實層上較爲具體的工作，則須尊重客觀學術中各種「專業性、專技性」的知識，以「相與爲善，分工合作」。

去年十二月，香港法住學會主辦了「唐君毅思想國際會議」，除臺、港、南洋、北美之外，大陸也有十多位學者參加。經數日之敍晤，得悉近二年來，大陸學界對當代儒家的探討，已進入有計畫的研究階段，而直接參與工作的都是中靑代的新銳。據此次會議的情形看來，其契切相應的會解（部分地看），已經有了令人欣喜的表現。從量上說，也許幾希而微，但從質上看，則萌蘖之生，滿心而發，是可以期其「沛然而莫之能禦」的。因爲這是「常理、常道」，是「人心之同然」，是文化生命「內發自發的要求」。然則，唐先生十一年前的眞情感奮，實有本有因，並非無端而來。須知「道生物，理生氣」，道無斷滅，理無久隱。此時此地，吾人正應「以智潤思，以德潤身」，仁智雙彰，明體達用。再繼之以十年之精誠，必可拋卻二十世紀之文化噩夢，走向順適光暢之未來。

長城蜿蜒，黃河「不殤」，大江流日夜，海陸觀會同。凡我華夏子孫，盍興乎來！

七十八年二月《鵝湖》一六四期論壇

拾叁　「中國哲學研究中心」成立之緣起及其基本旨趣

一

民國以來，中國哲學之研究，一直未入軌轍。而大學哲學系有關中國哲學之教學，亦未能形成規格。有志中國哲學之青年，能顯才慧而有創意者雖時有其人，又因缺少適當之指導而難能竟其前功。大好嘉種，往往「苗而不秀，秀而不實」。浪費人才，愧負青年，莫此爲甚。

且哲學之研究與青年之成才，非長期連續不爲功。大學與研究所，不過奠其初基而已。如無學位後之研究環境加以培養，亦難卓然有成，而蔚爲國家學術之楨幹。

近年以來，歐美治中國學問者，已漸由語文、歷史之研究，而進入哲學思想之層次。然臺灣之學術研究環境無法滿足彼等之需求，故研究中國思想者，多過臺不留而轉赴日本，甚且遠走大陸，此眞中華民國之大恥。吾人如不能開闢一研究中國哲學之良好園地，則不但無以上對先哲，抑且愧負來華遊學之外邦人士。據此而觀，成立「中國哲學研究中心」，實乃刻不容緩之事。

二

上述情形，牟宗三先生感受最深最切，亦最具精誠而願爲國家學術盡其心力。然機緣不備，空勞想像。同人等感於牟先生之學術公心，乃相商擬訂有關研究中心之全套計畫與各項規章，自民國七十二年秋月開始，連續進行數番之努力。原初之構想，是希望得到政府支持。吾人以爲，公家只須籌撥一筆經費，以贊其成，卽可不任其事而坐收弘揚學術培養人才之實效。如此，豈非上上之策乎？但幾經溝通，始終不得要領。之後，有關方面欲在中研院成立哲學研究所。此本是國家之責，但彼中學風，素不尊重民族文化之傳統，卽使勉強成立，亦不免駁雜。且國家尊師儒，必有其道，不得其道，賢者不敢受也。而牟先生亦認爲勉強牽合，既不合多元原則，亦不合統籌原則。次年夏，又經海外學人建言，改採十年計畫之方式，但研究計畫送出之後，主事者仍多所瞻顧，最後僅允在公立大學設講座，禮請牟先生返臺講學；而寄望公家支持成立中國哲學研究中心之願望，終告落空。

七十五年，同人等改弦易轍，決定先成立「東方人文學術研究基金會」，爲研究中心奠定基礎。幸蒙熱心學術人士之贊助，基金會得於次年正式立案。二年來，基金之數已累至千萬，乃於月前租得臺北麗水街房舍一棟，作為研究中心之基址。多年心願，至此初步獲償。

三

研究中心設立之宗旨，在於結合同道，以分工合作之方式，長期而有系統地整理中國哲學典籍，疏解中國哲學思想，闡揚中國哲學精神，以光大中國哲學之傳統，延續中國文化之生命。依當初之設計，研究中心之研究人員，依其資歷分為高級研究員、研究員、副研究員、助理研究員等。專任研究人員各依其研究計畫，或擔任哲學原典之疏解，或擔任哲學專題之研究，並主持或出席定期之學術研討。兼任研究人員則依其計畫進行單項之研究工作。

同時，為延續哲學之慧命，擴大文化之影響，研究中心擬定三項任務。一是盡量邀約有學位之青年學者為研究人員，期以十年薰陶講習之功，培養新一代之中國哲學師資。二是設置哲學講座，利用夜間開設中國哲學課程，供大學在校學生與社會青年修習。三是安排學術座談或小型討論會，協助並指導外國人士與留華學生研習中國哲學，以加強文化學術之交流。

此外，如發行學術期刊，出版研究專書，選輯文獻資料，皆將次第進行，期能以眞實之成果還報於社會。

四

如今改採自力更生之辦法，先行開張，經費既甚拮据，設備更無着落。以是，目前無法多聘專任研究人員，只能就地取材，邀約各大學現任教授爲兼任研究員。而研究之進行，亦暫以典籍文獻之疏解與中國哲學史之編寫爲重點。其他應做之工作，當視今後之發展隨宜進行。

研究中心之工作，乃純客觀之學術研究。參加研究工作之學者，宜將個人之學術見解與學術主張簡別出來，而爲客觀之學術貢獻心力。典籍之疏解，固當根據文獻，作恰當相應之詮釋；哲學專題之研究，亦應服從學術之公，表述義理之實。必須如此，方是對學術負責之態度，方能做出客觀之學術成績。

中國哲學，自有其思想規路，自有其義理法度。而近世講中國哲學者，往往睽隔重重，不得其實。荒腔走板者有之，牽強附會者有之，虛飾夸奢者有之，割裂曲解者亦有之；而黨同伐異，死不服善者，則尤爲學術之蟊賊。

中國哲學研究中心之學術使命，固當闢邪謬以顯正理。同人等學思或有未深粹，才能或有未堅實，然精誠不懈，守正而爲，則是可以自矢者。

七十八年十月《鵝湖》一七二期論壇

拾肆　當代新儒家該負什麼責任？

近年以來，知識界對當代新儒家的責求日益增強。但批評的聲音，似乎少有理解中肯的切磋和義理相應的討論，更沒有提出積極性的見解和論點。此或有如路況先生所說：「爲什麼批評新儒家缺乏實踐性云云的陳腔濫調，會樂此不疲地被一再重複，因爲這是掩飾自己也同樣缺乏實踐性的最佳表態方式，是『實踐意識』藉著否定他人而達到的一種迂迴的自我肯定」。是預設了一組「集體發言裝置」或「社會表達機器」，而提供「不滿儒家者一時的心理發洩」（見《中國論壇》三四〇期）。

其實，從思想上開出實踐方向與實踐途徑之後，便人人有責，必須各自「盡己盡分」，分頭去做。而當代新儒家既沒有任何組織，更沒有任何勢力做憑藉。他們只是數十年間屈指可數的學者、思想家，持續地講學、著書、寫文章，因而顯示出一個大體共同的文化理想和思想立場而已。他們的用心，着重在文化學術的層面。如果我們承認當代新儒家有什麼貢獻，則其貢獻也不在實務層，而是在學術思想上。如果他們有什麼影響，也是在於——

文化心靈的覺醒，文化意識的顯豁；

文化生命的貞定，文化方向的抉擇；

文化理想的提揭，人文精神的重建。

這些虛層上的意思，是很抽象的。但這些原則性、方向性的道理，卻正是關乎中華民族前途和中國文化發展的重大關鍵。如果新儒家講得對，就會有正面的影響，起正面的作用，這也就是他們的大貢獻。如果他們所講的有不妥不盡之處，則人人皆可據理而辯，共同來斟酌衡量，以獲得更圓滿的充實。但任何人的任何說法，都必須本乎眞誠，以期合乎「義理之公」與「學術之實」。

記得牟先生在講文化建設之道路時，曾指出文化理想是虛層的，虛層的理想原則，乃是實層工作的指針。一年前，他在師大「陽明學與民主」研討會上致詞，又有「虛以控實，實以載虛」之言。「虛」的文化國體，控御「實」的政治國體；「實」的政治國體，持載「虛」的文化理想。如果大家器識不開擴，心量不深廣，又有多少人能恰當相應地理解這層意思?

昔人有言：「身無半畝，心憂天下。」我們身處臺海一島，也不可妄自菲薄而「小」了自己。陸象山說，「么麼小家相的人，得人憎。」只一「小」字，便使人不成態度。士而不能「縱貫百世之心，橫通天下之志」，終必爲「私己」所蔽，而很難有「大的理解」和「大的情感」。如果我們封閉自己對於「民族、國家、歷史、文化」的關懷，則心靈必昏沉，性情必澆薄，生命必荒涼；在如此情形之下，縱然日出萬言，也不過是「自私用智」，而難見「士心」。

須知理想是奮鬥的目標，本不容易即時達到。但理想也終須落實，虛層的原則方向，總該對實層的事物發生規範主導的作用；這就必須擔當實層工作的人，也能對虛層的原則方向產生「共識」。這是否可能呢？當然可能。因爲本乎「人心之同然」而顯示的原則方向，自必爲人所認同而漸次形成共識。倒是實層上許多必要的知識條件和技術條件，乃屬專業專技之性質，並非人人都能具備。而新儒家的學者思想家們，也大體無法直接講論「專業知識之學」和處理「專家專技之事」。因此，凡是實用性的知識，以及處理實務的「具體方案」，都要仰仗學者專家，以及政府機構來善盡職守。新儒家謹守分際，「不敢強不知以爲知」，對於自己「不知不能」之事，必然是——尊重客觀的學術；尊重分門別類的「專業性、專技性」的知識；尊重政府官員和民意機構的職權；尊重各行各業的正當利益。

當然，如果儒家學者羣中，有人也想做專家、做民意代表、做政府官員，自是佳事；如果有人關懷現實層面的問題，而又有足夠的學識條件可以立論建言，則尤所盼望；甚至如果有人想要組織一個以儒家爲立場的政黨，我們也樂觀其成。但凡順現實關懷而發言，以及親自從事各種實務的人，都必須「心地純潔，態度平正，胸懷磊落，器識弘毅」，才算是儒家精神。若是狹隘化而另有夾雜，那就有失儒者的矩矱了。

總之，就中國而言「民主建國」，而言「科學發展」，都必須植根於中華民族的生命，植根於中華文化的鄉土，經由中國人自己的努力來完成。這其中有著非常複雜的思想觀念之糾結（這個千頭萬緒的糾結，正是近百年來中國陷於困頓的關鍵所在）。必須打開這個糾結，才能形成共識，以暢通文化生命，開出實踐坦途。主觀面的實踐，是各人自己的事(爲仁由己、由仁義行)，不可拋棄，不可讓度。而客觀實踐的實務，則包括有許多的層面和許多的部門，必須全體中國人「守己以盡分，分工而合作」，「人各盡其才，才各盡其用」，如此，乃能使中國的問題漸次解決，以臻於「社會安和、國族雄健」之境。

七十九年二月《鵝湖》一七六期論壇

附錄

本書作者著述要目

一、孔孟荀哲學　臺北　學生書局

二、孔門弟子志行考述　臺北　商務印書館

三、墨家哲學　臺北　東大圖書公司

四、中國哲學史大綱　臺北　學生書局

五、宋明理學北宋篇　臺北　學生書局

六、宋明理學南宋篇　臺北　學生書局

七、王陽明哲學　臺北　三民書局

八、新儒家的精神方向　臺北　學生書局

九、牟宗三先生的哲學與著作（合撰）　臺北　學生書局

十、儒家思想的現代意義　臺北　文津出版社

十一、熊十力先生學行年表　臺北　明文書局

十二、會通與轉化（合著）　臺北　宇宙光出版社

十三、儒家心性之學論要　臺北　文津出版社

十四、儒學的常與變　臺北　東大圖書公司

滄海叢刊已刊行書目 (八)

書名	作者	類別
文學欣賞的靈魂	劉述先	西洋文學
西洋兒童文學史	葉詠琍	西洋文學
現代藝術哲學	孫旗譯	藝術
音樂人生	黃友棣	音樂
音樂與我	趙琴	音樂
音樂伴我遊	趙琴	音樂
爐邊閒話	李抱忱	音樂
琴臺碎語	黃友棣	音樂
音樂隨筆	趙琴	音樂
樂林蓽露	黃友棣	音樂
樂谷鳴泉	黃友棣	音樂
樂韻飄香	黃友棣	音樂
樂圃長春	黃友棣	音樂
色彩基礎	何耀宗	美術
水彩技巧與創作	劉其偉	美術
繪畫隨筆	陳景容	美術
素描的技法	陳景容	美術
人體工學與安全	劉其偉	美術
立體造形基本設計	張長傑	美術
工藝材料	李鈞棫	美術
石膏工藝	李鈞棫	美術
裝飾工藝	張長傑	美術
都市計劃概論	王紀鯤	建築
建築設計方法	陳政雄	建築
建築基本畫	陳榮美、楊麗黛	建築
建築鋼屋架結構設計	王萬雄	建築
中國的建築藝術	張紹載	建築
室內環境設計	李琬琬	建築
現代工藝概論	張長傑	雕刻
藤竹工	張長傑	雕刻
戲劇藝術之發展及其原理	趙如琳譯	戲劇
戲劇編寫法	方寸	戲劇
時代的經驗	汪琪、彭家發	新聞
大衆傳播的挑戰	石永貴	新聞
書法與心理	高尚仁	心理

滄海叢刊已刊行書目(七)

書名	作者	類別
印度文學歷代名著選(上)(下)	糜文開編譯	文學
寒山子研究	陳慧劍	文學
魯迅這個人	劉心皇	文學
孟學的現代意義	王支洪	文學
比較詩學	葉維廉	比較文學
結構主義與中國文學	周英雄	比較文學
主題學研究論文集	陳鵬翔主編	比較文學
中國小說比較研究	侯健	比較文學
現象學與文學批評	鄭樹森編	比較文學
記號詩學	古添洪	比較文學
中美文學因緣	鄭樹森編	比較文學
文學因緣	鄭樹森	比較文學
比較文學理論與實踐	張漢良	比較文學
韓非子析論	謝雲飛	中國文學
陶淵明評論	李辰冬	中國文學
中國文學論叢	錢穆	中國文學
文學新論	李辰冬	中國文學
離騷九歌九章淺釋	繆天華	中國文學
苕華詞與人間詞話述評	王宗樂	中國文學
杜甫作品繫年	李辰冬	中國文學
元曲六大家	應裕康 王忠林	中國文學
詩經研讀指導	裴普賢	中國文學
迦陵談詩二集	葉嘉瑩	中國文學
莊子及其文學	黃錦鋐	中國文學
歐陽修詩本義研究	裴普賢	中國文學
清真詞研究	王支洪	中國文學
宋儒風範	董金裕	中國文學
紅樓夢的文學價值	羅盤	中國文學
四說論叢	羅盤	中國文學
中國文學鑑賞舉隅	黃慶萱 許家鶯	中國文學
牛李黨爭與唐代文學	傅錫壬	中國文學
增訂江皋集	吳俊升	中國文學
浮士德研究	李辰冬譯	西洋文學
蘇忍尼辛選集	劉安雲譯	西洋文學

滄海叢刊已刊行書目(六)

書名	作者	類別
卡薩爾斯之琴	葉石濤	文學
青囊夜燈	許振江	文學
我永遠年輕	唐文標	文學
分析文學	陳啓佑	文學
思想起	陌上塵	文學
心酸記	李喬	文學
離訣	林蒼鬱	文學
孤獨園	林蒼鬱	文學
托塔少年	林文欽編	文學
北美情逅	卜貴美	文學
女兵自傳	謝冰瑩	文學
抗戰日記	謝冰瑩	文學
我在日本	謝冰瑩	文學
給青年朋友的信(上)(下)	謝冰瑩	文學
冰瑩書柬	謝冰瑩	文學
孤寂中的迴響	洛夫	文學
火天使	趙衛民	文學
無塵的鏡子	張默	文學
大漢心聲	張起鈞	文學
回首叫雲飛起	羊令野	文學
康莊有待	向陽	文學
情愛與文學	周伯乃	文學
湍流偶拾	繆天華	文學
文學之旅	蕭傳文	文學
鼓瑟集	幼柏	文學
種子落地	葉海煙	文學
文學邊緣	周玉山	文學
大陸文藝新探	周玉山	文學
累盧聲氣集	姜超嶽	文學
實用文纂	姜超嶽	文學
林下生涯	姜超嶽	文學
材與不材之間	王邦雄	文學
人生小語(一)(二)	何秀煌	文學
兒童文學	葉詠琍	文學

滄海叢刊已刊行書目㈤

書名	作者	類別
中西文學關係研究	王潤華	文學
文開隨筆	糜文開	文學
知識之劍	陳鼎環	文學
野草詞	韋瀚章	文學
李韶歌詞集	李韶	文學
石頭的研究	戴天	文學
留不住的航渡	葉維廉	文學
三十年詩	葉維廉	文學
現代散文欣賞	鄭明娳	文學
現代文學評論	亞菁	文學
三十年代作家論	姜穆	文學
當代臺灣作家論	何欣	文學
藍天白雲集	梁容若	文學
見賢集	鄭彥棻	文學
思齊集	鄭彥棻	文學
寫作是藝術	張秀亞	文學
孟武自選文集	薩孟武	文學
小說創作論	羅盤	文學
細讀現代小說	張素貞	文學
往日旋律	幼柏	文學
城市筆記	巴斯	文學
歐羅巴的蘆笛	葉維廉	文學
一個中國的海	葉維廉	文學
山外有山	李英豪	文學
現實的探索	陳銘磻編	文學
金排附	鍾延豪	文學
放鷹	吳錦發	文學
黃巢殺人八百萬	宋澤萊	文學
燈下燈	蕭蕭	文學
陽關千唱	陳煌	文學
種籽	向陽	文學
泥土的香味	彭瑞金	文學
無緣廟	陳艷秋	文學
鄉事	林清玄	文學
余忠雄的春天	鍾鐵民	文學
吳煦斌小說集	吳煦斌	文學

滄海叢刊已刊行書目 (四)

書名	作者	類別
歷史圈外	朱桂	歷史
中國人的故事	夏雨人	歷史
老臺灣	陳冠學	歷史
古史地理論叢	錢穆	歷史
秦漢史	錢穆	歷史
秦漢史論稿	刑義田	歷史
我這半生	毛振翔	歷史
三生有幸	吳相湘	傳記
弘一大師傳	陳慧劍	傳記
蘇曼殊大師新傳	劉心皇	傳記
當代佛門人物	陳慧劍	傳記
孤兒心影錄	張國柱	傳記
精忠岳飛傳	李安	傳記
八十憶雙親 師友雜憶 合刊	錢穆	傳記
困勉強狷八十年	陶百川	傳記
中國歷史精神	錢穆	史學
國史新論	錢穆	史學
與西方史家論中國史學	杜維運	史學
清代史學與史家	杜維運	史學
中國文字學	潘重規	語言
中國聲韻學	潘重規 陳紹棠	語言
文學與音律	謝雲飛	語言
還鄉夢的幻滅	賴景瑚	文學
葫蘆・再見	鄭明娳	文學
大地之歌	大地詩社	文學
青春	葉蟬貞	文學
比較文學的墾拓在臺灣	古添洪 陳慧樺 主編	文學
從比較神話到文學	古添洪 陳慧樺	文學
解構批評論集	廖炳惠	文學
牧場的情思	張媛媛	文學
萍踪憶語	賴景瑚	文學
讀書與生活	琦君	文學

滄海叢刊已刊行書目㈢

書名	作者	類別
不疑不懼	王洪鈞	教育
文化與教育	錢穆	教育
教育叢談	上官業佑	教育
印度文化十八篇	糜文開	社會
中華文化十二講	錢穆	社會
清代科舉	劉兆璸	社會
世界局勢與中國文化	錢穆	社會
國家論	薩孟武譯	社會
紅樓夢與中國舊家庭	薩孟武	社會
社會學與中國研究	蔡文輝	社會
我國社會的變遷與發展	朱岑樓主編	社會
開放的多元社會	楊國樞	社會
社會、文化和知識份子	葉啓政	社會
臺灣與美國社會問題	蔡文輝 蕭新煌 主編	社會
日本社會的結構	福武直 著 王世雄 譯	社會
三十年來我國人文及社會科學之回顧與展望		社會
財經文存	王作榮	經濟
財經時論	楊道淮	經濟
中國歷代政治得失	錢穆	政治
周禮的政治思想	周世輔 周文湘	政治
儒家政論衍義	薩孟武	政治
先秦政治思想史	梁啓超原著 賈馥茗標點	政治
當代中國與民主	周陽山	政治
中國現代軍事史	劉馥著 梅寅生譯	軍事
憲法論集	林紀東	法律
憲法論叢	鄭彥棻	法律
師友風義	鄭彥棻	歷史
黃帝	錢穆	歷史
歷史與人物	吳相湘	歷史
歷史與文化論叢	錢穆	歷史

滄海叢刊已刊行書目(二)

書名	作者	類別
語言哲學	劉福增	哲學
邏輯與設基法	劉福增	哲學
知識・邏輯・科學哲學	林正弘	哲學
中國管理哲學	曾仕強	哲學
老子的哲學	王邦雄	中國哲學
孔學漫談	余家菊	中國哲學
中庸誠的哲學	吳怡	中國哲學
哲學演講錄	吳怡	中國哲學
墨家的哲學方法	鐘友聯	中國哲學
韓非子的哲學	王邦雄	中國哲學
墨家哲學	蔡仁厚	中國哲學
知識、理性與生命	孫寶琛	中國哲學
逍遙的莊子	吳怡	中國哲學
中國哲學的生命和方法	吳怡	中國哲學
儒家與現代中國	韋政通	中國哲學
希臘哲學趣談	鄔昆如	西洋哲學
中世哲學趣談	鄔昆如	西洋哲學
近代哲學趣談	鄔昆如	西洋哲學
現代哲學趣談	鄔昆如	西洋哲學
現代哲學述評(一)	傅佩榮譯	西洋哲學
懷海德哲學	楊士毅	西洋哲學
思想的貧困	韋政通	思想
不以規矩不能成方圓	劉君燦	思想
佛學研究	周中一	佛學
佛學論著	周中一	佛學
現代佛學原理	鄭金德	佛學
禪話	周中一	佛學
天人之際	李杏邨	佛學
公案禪語	吳怡	佛學
佛教思想新論	楊惠南	佛學
禪學講話	芝峯法師譯	佛學
圓滿生命的實現（布施波羅蜜）	陳柏達	佛學
絕對與圓融	霍韜晦	佛學
佛學研究指南	關世謙譯	佛學
當代學人談佛教	楊惠南編	佛學